발도르프 교육예술

RUDOLF STEINER
루돌프 슈타이너

발도르프 교육예술
인간 본성이 중심인 교육

Die Kunst des Erziehens aus dem Erfasssen
der Menschenwesenheit

영국 토키^{Torquay}에서 열린 7회의 강연과 1회의 질의응답
1924년 8월 12일 ~ 20일

한국인지학출판사
KOREA ANTHROPOSOPHY PUBLISHING

Rudolf Steiner:

Die Kunst des Erziehens aus dem Erfasssen der Menschenwesenheit (GA 311)

© Rudolf Steiner Verlag, Dornach

Korean language edition:

© 2017 Korea Anthroposophy Publishing, Seoul

루돌프 슈타이너 전집 교육학 1

발도르프 교육예술
인간 본성이 중심인 교육

1판 1쇄 발행 2017년 7월 20일
1판 2쇄 발행 2019년 10월 1일
1판 3쇄 발행 2022년 9월 10일

지은이 | 루돌프 슈타이너
옮긴이 | 루돌프 슈타이너 전집발간위원회

발행인 | 이정희
발행처 | 한국인지학출판사 www.steinercenter.org
주소 | 05659 서울특별시 송파구 마천로 76 성암빌딩 5층
전화 | 02-832-0523
팩스 | 02-832-0526

기획제작 | 씽크스마트 02-323-5609
북디자인 | 김다은

ISBN 979-11-960888-4-2 04040

이 도서의 국립중앙도서관 출판예정도서목록(CIP)은 서지정보유통지원시스템 홈페이지(http://seoji.nl.go.kr)와 국가자료공동목록시스템(http://www.nl.go.kr/kolisnet)에서 이용하실 수 있습니다(CIP제어번호: 2017015458).

이 책은 사단법인 한국슈타이너인지학센터, 인지학 출판프로젝트 2025, 파팔라코리아의 후원으로 제작되었습니다.

후원계좌 | 신한은행 100-031-710055 인지학출판사

루돌프 슈타이너의 강연집 발간에 부쳐

정신과학을 형성하는 바탕은 루돌프 슈타이너(1861~1925)가 인지학을 지향하며 집필하고 발간한 저작물들이다. 이에 더하여 슈타이너는 1900년부터 1924년 사이에 일반인에게 공개한 다수의 강연회를 가졌고 신지학회(훗날 인지학회로 개명)의 회원만을 대상으로 한 수많은 강연을 행하며 세미나를 개최했다. 그는 원래 원고 없이 행한 자신의 강연 내용들이 출판되는 것을 원치 않았다. "출판을 전제로 하지 않은 구두 강연"이라는 이유였다. 하지만 강연이나 세미나에 참가한 사람들의 불완전하고 오류투성이인 필기물이 점차 퍼지게 되자, 강연 기록 방법을 조절할 필요를 느꼈다. 그리고 그 일을 마리 슈타이너 폰 지버스에게 맡겼다. 이로써 속기록 작성자들을 위한 작업 규칙, 필기 기록 관리, 출판을 위한 교열은 모두 마리 슈타이너의 책임하에 이루어졌다. 슈타이너는 작업 시간의 태부족으로 모든 필기 기록을 직접 수정하기 못했고, 그래서 모든 강연록 출판물에 대해, "내가 직접 수정하지 않은 출판물들은 오류가 들어 있어도 그대로 내는 수밖에 없습니다."라고 했다.

마리 슈타이너(1867~1948)가 세상을 떠난 뒤, 그녀가 정한 원칙에 따라 슈타이너 전집판의 발간이 시작되었다. 이 책은 그 전집판에 속한다. 이 판에 관한 자세한 내용은 책 말미의 판본 설명 첫 부분을 참조하기 바란다.

차례

첫 번째 강연

1924년 8월 12일 영국 토키^{Torquay}

01   사랑하는 친구 여러분! 이곳 영국에서 여러분이 이제 인지학에 바탕을 둔 학교의 설립을 염두에 두게 되었다는 사실에 저는 진심으로 기쁜 마음입니다. 이는 교육제도의 역사에서 비상하게 큰 변화를 가져올 사건임에 틀림이 없습니다. 그렇게 말하면 너무 오만하다는 비난을 받기가 쉽습니다. 하지만 오늘날 무엇보다 인지학을 토대로 한 교육예술과 수업예술에는 아주 특별한 바탕이 있습니다. 그리고 제가 대단히 기쁜 마음으로 환영하는 바는, 이곳의 초대 교사진 여러분이 인지학적 교육론의 근간에 아주 특별한 내용이 있음을 마음속 깊이 인정할 준비가 되어 있다는 사실입니다. 인지학적 교육론을 언급할 때 우리가 말하려는 것은 급진적 개혁사상에서 출발한 교육제도의 쇄신이 아니라 인류 문화의 발달을 체험하고 느끼는 것에 바탕을 둔 쇄신입니다.

02   우리가 잘 알고 있는 것처럼, 19세기, 특히 지난 수십 년 동안 교육예술 분야에서 훌륭한 인물들이 이룬 것은 대단히 많습니다. 그 가운데 최선의 의도에 의해 교육제도의 영역에서 가능한 모든 시도가 이루어지기는 했지만, 거기에는 사람에 대한 진정한 인식이 빠져 있었다고 해야 할 것입니다. 15세기 이래로 사실상 모든 분야를 지배해 온 물질주의로 인해 인간 교육에 관한 사고는 사람에 관한 진정한 인식을 내놓을 수 없는 상황에 놓여 있었던 것입니다. 그리하여 교육을 바꾸어야 한다는 생각을 표명하기는 했지만, 그것은 늘 그야말로 모래 위에 세우

는 성보다 더 심하게 아무런 기초도 없는 계획이 되고 말았습니다. 사람들은 삶이 어떠해야 한다는 문제에 대한 다양한 생각과 갖가지 판단에서 교육의 기본 원리들을 제시했습니다. 하지만 그들은 사람을 그 전체성에서 이해하여 다음과 같이 질문할 능력이 전혀 없었습니다. "지상 이전의 삶에서 지상의 삶으로 옮겨온 뒤에, 신에 의해서 사람의 본성에 숨겨진 것이 그 사람에게서 발현되도록 하려면 어떻게 해야 하는가?" 근본적으로 이는 일단 추상적으로 던질 수 있는 질문이지만, 인간을 몸, 영혼, 정신을 바탕으로 진정으로 이해해야만 비로소 그 질문에 구체적인 답을 내놓을 수 있게 됩니다.

03   이 문제에서 오늘날 우리 인류는 몸에 대해서는 이미 대단히 광범위하게 알게 되었습니다. 생물학, 생리학, 해부학 등을 통해 우리는 물질적인 인체를 대단히 상세하게 이해하게 되었습니다. 하지만 사람의 영혼이 무엇인지를 이해하려고 들면 현재의 관점으로는 완전히 벽에 부딪히고 맙니다. 오늘날 영혼과 연관된 것은 모두 명칭이나 용어에 지나지 않기 때문입니다. 사고Denken, 감정Fühlen, 의지Wollen 같은 용어도 오늘날 통용되는 심리학의 경우를 보면 더 이상 현실에 존재하는 것으로 여겨지지 않습니다. 사고, 감정, 의지라는 단어는 그대로 있지만, 영혼을 움직이는 주체, 즉 우리가 사고, 감정, 의지라는 말로 표현하고자 하는 바로 그것은 제대로 들여다보지 않습니다. 여러분이 보시는 바와 같이 오늘날 이른바 심리학에서 사고, 감정, 의지에 대해 설명하는 것은 실제로는 아마추어 냄새가 너무 강하기 때문입니다. 그들이 사고, 감정, 의지에 관해 말하는 것은 생리학자가 폐와 간 등 인체 기관에 관해 일반

적인 이야기만 하면서 아이의 간과 노인의 간을 구별하지 않는다는, 있을 수 없는 경우에 비할 수 있습니다. 물론 사람의 신체를 다루는 학문은 그런 수준보다 훨씬 발달했습니다. 생리학자라면 아이의 폐와 노인의 폐의 차이, 심지어 아이의 머리카락과 노인의 머리카락의 차이를 고려하지 않는 경우는 결코 없을 것입니다. 그들은 그런 모든 차이를 반드시 고려합니다. 하지만 사고, 감정, 의지에 관해서라면 사람들은 오로지 단어만 말할 뿐, 그 실체에 접근하여 파악하는 것은 없습니다. 사람들이 모르는 것은, 예컨대 영혼 안에 나타나는 의지는 생긴 지 얼마 안 된 것인 반면, 사고는 영혼 안에 생긴 지 오래된 의지이며, 의지는 영혼 안에서 생긴 지 얼마 안 된 사고라는 사실입니다. 그래서 사람은 그 영혼 안에 청년과 노인을 동시에 가지고 있다고 할 것인데도 말입니다.

04   시간의 순서로 보면 이미 어릴 때부터 우리의 영혼 안에는 오래된 사고와 젊은 의지가 같이 있다는 것이 확실합니다. 그 둘이 엄연한 실체로 동시에 있다는 것입니다. 하지만 오늘날에는 영혼에 관한 이러한 사실을 몸에 관한 사실만큼 아는 사람이 없습니다. 그 바람에 교육을 맡은 사람들은 아이들을 앞에 두고 어떻게 해야 할지 전혀 모르는 상태입니다. 여러분이 의사인데 아이와 노인을 구별할 수 없다고 생각해 보십시오. 그러면 여러분은 당연히 할 수 있는 일이 아무것도 없을 것입니다. 영혼에 관한 과학이란 전혀 없으니, 교사는 오늘날 의사가 사람의 몸에 대해 말할 수 있는 것과 같은 이야기를 사람의 영혼에 대해서는 도무지 할 수 없는 처지일 것입니다. 더군다나 정신이란 있지도 않은 것, 그래서 설명할 수도, 설명할 단어도 없는 것입니다. "정신"이라는 단어

하나는 별다른 내용을 이야기해주지 않습니다. 아니, 그것을 설명할 말이란 애초에 없습니다.

05   결국 우리 시대가 인간에 관해 가지고 있는 인식이란 일단 아무것도 없다고 해야 할 것입니다. 그래서 우리는 교육 분야에서 모든 게 제대로 돌아가지는 않는다는 사실을 쉽게 느낄 수 있습니다. 이것저것 개선해야 할 내용이 많다는 뜻이기도 합니다. 그렇기는 하지만, 인간에 대해 아무것도 모르는데 무슨 수로 교육을 개선한다는 말입니까? 그러므로 오늘날 제시된 교육 개혁에 관한 여러 생각은 그 뜻이 대단히 고무적이긴 하지만 사람에 대한 제대로 된 인식을 포함하고 있지 않습니다.

06   그런 상황은 우리 자신이 속한 교육자 집단에서도 마찬가지입니다. 그렇다면 오늘날 사람을 제대로 인식하게 해줄 것은 무엇일까요? 그것은 바로 인지학입니다! 그 어떤 이단이나 극단주의에 빠져서 하는 말이 아닙니다. 오늘날 사람에 관해 제대로 된 인식을 얻으려면 인지학을 받아들여야 합니다. 그런데 인간 인식을 바탕으로 아이들을 가르쳐야 한다는 당연한 목적을 위해서는 먼저 제대로 된 인간 인식을 배워야 합니다. 무엇이 당연하다는 걸까요? 그건 바로 인지학을 통해서 제대로 된 인간 인식을 배워야 한다는 사실입니다.

07   오늘날 새로운 교육학의 기초가 무엇이어야 하느냐고 묻는다면 뭐라고 대답해야 할까요? 그것은 바로 인지학입니다. 인지학이야말로 새로운 교육학의 기초여야 합니다! 예, 그렇습니다. 하지만 우리 가운

데서도 너무나 많은 사람이 어떤 방식으로든 인지학을 부정하려 들고, 인지학을 언급하지 않으면서 새로운 교육학을 알리려 합니다. 그런 이들은 새로운 교육학의 바탕에 인지학이 있다는 사실을 아무도 눈치채지 못하기를 바랍니다.

08   독일 사람들이 하는 말이 있습니다. "날 좀 씻겨 줘. 내 몸을 적시지는 말고." 우리 분야에서 이루어지는 노력도 많은 경우 그렇습니다. 말은 진실되게 해야 하고, 생각은 더욱 그래야 합니다. 그래서 좋은 교육자가 되는 방법을 묻는 사람들에게 오늘날 우리는 다음과 같이 일러 주어야 합니다. "인지학에 바탕을 두고 시작해야 합니다. 인지학을 부정하지 말고 인지학을 통해서 사람을 인식하는 법을 배워야 합니다." 하고 말입니다.

09   오늘날 문명화된 세계에서 우리는 인간을 제대로 인식하지 못한 채 살아갑니다. 이론은 많이 알지만, 이 세계와 생명, 사람을 생생하게 통찰하지 못합니다. 진정한 통찰은 실제의 삶으로 이어집니다. 하지만 오늘날 우리는 실제의 삶을 살지 못하고 있습니다. 오늘날 누가 실제의 삶에서 가장 멀어져 있는 사람들인지 아십니까? 흔히 모든 일에 서툴고 현실을 모른다고 여겨지는 학자들이 아닙니다. 실제의 삶에서 가장 멀어 보이는 사람들은 이론에만 강한 그들이 아닙니다. 오히려 소위 현실적이라는 사람들, 즉 상업이나 산업, 금융업에 종사하는 사람들이 그렇습니다. 그들은 이론적인 사고를 바탕으로 실제 삶의 연결고리를 장악하고 있습니다. 오늘날 은행은 사실 이론적인 사고를 바탕으로

만들어진 것입니다. 그 안에는 실제적인 것이 들어갈 자리가 없습니다. 그 점을 사람들이 눈치채지 못할 뿐이죠. "사업은 저렇게 하는 거지. 현실적인 사람은 누구나 저렇게 해."라고 하면서 그 대열에 합류해버립니다. 현실과는 완전히 다른 이론이 끼치는 폐해를 알아보지 못하는 것입니다. 오늘날 현실적이라고 하는 삶은 완전히 비현실적입니다. 현실적인 삶이 온전히 비현실적인 것이 되는 현상은 분야를 가리지 않습니다. 또한 점점 더 많은 파괴적인 요소가 문명 안에 침투해 들어와서 문명을 해체하는 지경에 이르러야 사람들은 비로소 그런 사실을 알아차립니다. 이런 상태가 계속된다면 세계대전(*제1차 세계대전)도 불행의 시작이나 도입부에 지나지 않은 것이 될 것입니다. 사실 세계대전은 전혀 실제가 아닌 것 때문에 일어났고, 그래서 그건 시작에 불과하다고 말할 수 있습니다. 그런 일이 한 번으로 그치지 않으리라는 사실이 중요합니다. 그리고 절대로 그냥 두면 안 될 것은 수업 방법과 교육제도에 계속 아무 변화도 일어나지 않는 현실입니다. 정말 중요한 것은, 사람을 보고 그 몸과 영혼과 정신까지 탐구하는 교육, 그럼으로써 먼저 몸과 영혼과 정신을 진정으로 이해하는 교육을 시작해야 한다는 사실입니다.

10   지금 이곳에서 진행되는 짧은 강좌에서는 몸과 영혼과 정신에 관한 가장 중요한 내용을 수업 방법과 교육제도에 적용할 수 있는 모습으로 이끌어내는 것이 핵심입니다. 그것이 바로 우리가 하려는 것입니다. 이를 위해서는 무엇보다 먼저 외적으로도 우리의 시선을 진정으로 사람 전체에 두도록 노력해야 한다는 사실을 깨달아야 합니다.

11   오늘날 교육의 기본 원칙들은 어떻게 만들어집니까? 교사는 아이를 두고 말합니다. "아이는 이러저러한 존재다, 아이는 이러저러한 것을 배워야 한다." 하고 말입니다. 그리고 아이가 그런 것들을 빨리 배우게 하려면 어떻게 가르치는 것이 최선인지 심사숙고합니다. 그런데 도대체 그 아이란 어떤 사람일까요? 그 아이가 기껏해야 만 12세 정도, 아니 만 20세라고 해도 상관없습니다. 아이라고 해도 언젠가는 달라집니다. 나이 들어 성인이 되는 겁니다. 삶은 시간으로 나눌 수 없이 하나로 연결되어 있습니다. 그러므로 우리는 그 아이를 따로 떼어 내어 보는 것이 아니라 삶 전체로 보아야 합니다. 사람을 총체적으로 보아야 한다는 말입니다.

12   제가 맡은 학급에 창백한 한 아이가 앉아 있다고 가정해 봅시다. 이 창백한 아이는 제가 풀어야 할 수수께끼일 것입니다. 아이의 얼굴이 창백한 데는 여러 가지 이유가 있을 수 있지만, 이렇게 생각해 볼 수 있습니다. 약간 홍조를 띤 한 아이가 학교에 왔습니다. 제가 지도하는 동안 그 아이의 얼굴은 창백하게 변했습니다. 그렇다고 인정할 수밖에 없습니다. 그 아이의 얼굴이 창백하게 변한 이유를 찾는다면 말입니다. 제가 이 아이에게 외워야 할 것을 너무 많이 주는 바람에 아이의 안색이 그렇게 되었다는 결론에 이를 수도 있습니다. 아이의 기억 활동에 너무 큰 부담을 주었다고 말입니다. 그런 교육 방법을 버리지 않으면, 저는 교육적인 단견에 빠져 아이의 얼굴이 창백하든 홍조를 띠든 상관없이 저의 교육 방법을 실행해야 한다고 생각하게 되고, 그러면 아이의 얼굴도 결국 창백한 상태를 벗어나지 못하게 됩니다.

13   그런데 제가 계속 관찰할 수 있는 상태에서 아이가 나이가 들어 50세에 이르렀다면 이 사람은 아마도 심각한 동맥경화를 앓겠지만, 그 원인이 무엇인지는 모를 것입니다. 그 질병은 아동기인 만 8, 9세에 제가 그 사람의 기억 능력에 지나친 부담을 지우는 바람에 생겼습니다. 보시다시피 이 이야기에서 만 8, 9세인 아이와 50세인 사람은 동일인입니다. 우리 교육자가 반드시 알아야 할 것은, 우리가 아이에게 하는 어떤 일은 50년이나 60 년이 지나도 남아 있다는 사실입니다. 삶은 하나로 연결된 통일체이기 때문입니다. 그 아이를 아는 것만으로는 충분치 않습니다. 우리는 인간이 무엇인지를 알아야 합니다.

14   그럼 다시 한번 생각해 봅시다. 제가 어느 학급의 아이들에게 사물에 대한 정의定義를 최대한 제대로 가르치려고 애쓴다고 가정합시다. 저는 아이들이 개념을 확실히 알도록, 다시 말해서 이건 사자, 저건 고양이라는 식으로 정확하게 알도록 해줍니다. 자, 그럼 아이들은 정말 이 개념들을 죽을 때까지 가지고 있게 될까요? 오늘날 우리는 영혼적인 것 역시 성장한다는 사실을 전혀 모릅니다. 한 아이에게 어떤 개념을 가르치면서 그것이 절대적으로 올바른 개념이라고 여겨 - 올바르지 않은 개념이란 없겠지만 - 평생 아이에게 남아 있을 수 있게 해야 한다고 생각한다면, 이는 마치 제가 만 3세가 된 아이에게 신발을 사 주고는 그 다음 신발도 언제나 같은 크기로만 사주려는 것과 같습니다. 그 아이의 성장을 무시하고 말입니다. 아이에게 언제나 만 3세 때의 신발을 사주고는 아이의 발이 자라지 않기를 바란다면 야만적인 행위일 것입니다. 그런데 영혼에 대해서 우리는 그런 식으로 행동합니다. 우리는 아이와 함

께 성장하지 않는 개념들을 아이에게 가르칩니다. 성장하지 않을 개념을 아이에게 주고, 성장하지 않을 개념으로 아이를 괴롭힙니다. 아이에게는 아이와 함께 성장할 수 있는 개념을 주어야 하는데도 말입니다. 우리는 아이들에게 개념을 주고는 그 안에 계속해서 아이들의 영혼을 욱여넣습니다.

15   교육에서는 사람을 그 어떤 추상적인 개념이 아니라 성장하며 생동하는 전인으로 보아야 한다는 사실을 아주 간략히 설명하면 이렇다는 이야기입니다.

———

16   사람의 삶 전체가 하나로 연결되어 있다는 올바른 견해를 가질 때, 비로소 우리는 각 연령대가 서로 다르다는 사실도 잘 알게 됩니다. 이갈이 후의 아이는 이갈이가 시작되기 전의 아이와는 완전히 다른 존재입니다. 이때 우리는 정밀하지 않은 판단과 견해를 바탕으로 아이를 대충 이해해서는 안 됩니다. 사람을 두 발로 걷고 가장 위에 머리가 있고 얼굴 가운데는 코가 있는 존재로만 이해하면, 영구치가 나기 전이든 후든 아이는 다리가 둘이고 얼굴 가운데 코가 있는 것 아니냐는 식으로 말할 것입니다. 그러나 생활 속에서 나타나는 세세한 차이를 관찰하는 능력이 있는 사람이라면, 영구치가 나기 전과 후의 아이가 서로 전혀 다른 존재임을 알게 됩니다.

17   영구치가 나기 전의 아이에게서 실제로 확실히 알 수 있는 것

은, 아이가 지상의 삶 이전에, 즉 사람의 몸안에서 수정되어 탄생하기 이전에 정신세계에서 익숙해 있던 것이 영구치가 날 때까지 아주 잘 유지된다는 사실입니다. 그 시기 아이의 몸은 거의 정신처럼 움직입니다. 정신세계에서 내려온 그 정신이 생후 7년 동안은 아이 안에서 상당히 뚜렷하게 활동하기 때문입니다. 그걸 알아보면 여러분은 "정신이란 아름답구나!" 하고 말할 것입니다. 정신은 몸을 움직이고 싶어 못 견딥니다. 아이는 날뛰고 그 행동은 서툴지만, 그건 아무것도 제대로 할 수 없으니 그렇습니다. 이게 과연 지상 이전의 삶에서 온 정신일까요? 네, 맞습니다. 한번 가정해 봅시다. 교양이 넘치고 세련되게 행동하는 여러분에게 갑자기 섭씨 62도인 방에 갇혀 지내라는 선고가 내려집니다. 그곳에서 여러분은 잘 견뎌낼 수 없을 겁니다. 여러분보다는 아이들의 처지가 더 심각합니다. 정신세계에서 지상으로 내려온 아이의 정신은 낯선 이 지상의 환경을 견뎌야 하니 말입니다. 환경이 완전히 다른 세상으로 옮겨진 데다 갑자기 지상 이전의 삶에서는 지니지 않았던 몸을 가지게 되었기 때문에, 정신은 아이에게서 나타나는 그런 행동을 합니다. 그렇지만 아이의 불확실한 얼굴 인상이 나날이, 그리고 매주, 매달 조금씩 확실한 모습으로 바뀌고 서툴기 짝이 없는 움직임도 조금씩 정교해지면서 새로운 환경에 적응해가는 모습을 알아보는 사람은, 그런 변화가 지상 이전의 삶에서 내려온 정신이 자신을 서서히 그 몸에 비슷하게 맞도록 노력하는 과정임을 압니다. 그렇게 이해하고 관찰하면, 우리는 아이가 왜 그렇게 행동하는지를 잘 알게 됩니다. 뿐만 아니라 아이의 몸안에서 작용하는 것으로 보이는 것이 지상의 삶으로 내려온 정신이라는 사실도 이해하게 됩니다.

18   그래서 정신계의 비밀 속으로 들어간 사람에게는 아이를 관찰하는 것처럼 흥미진진한 일이 없습니다. 아이를 관찰하면 그야말로 이 지상만이 아니라 천상도 알게 되니 그렇습니다. 그런데 흔히 말하는 얌전한 아이에게는 그런 일이 일어나지 않습니다. 얌전한 아이에게는 몸이 너무 무거운 것입니다. 그런 아이는 이미 아기 때부터 몸이 무겁습니다. 정신은 그런 몸을 받아들이기 어렵습니다. 그런 아이들은 조용하고 소리를 지르지 않습니다. 날뛰지 않고 차분하게 앉아 있는 시간이 많습니다. 이런 아이 안에서는 몸의 저항으로 인해 정신이 활동하지 못하기 때문입니다. 흔히 착하다고 불리는 아이들은 몸이 정신에 저항해서 그렇게 된 경우가 많습니다.

19   그렇게 착하지 않고 제대로 뛰고 제대로 소리를 질러 어른을 힘들게 만드는 아이 안에서는 정신이 활발하게 움직입니다. 그런데 그 활발한 정신의 움직임은 아직 서툽니다. 천상에서 지상으로 옮겨진 상태에서 어쨌든 활발하게 움직이려 하니 그렇습니다. 정신은 몸이 필요합니다. 그래서 아이의 요란한 비명이 때로는 우리 귀에 무척 귀엽게 들립니다. 그 이유는 간단합니다. 정신이 아이의 몸으로 내려오면서 치르게 된 희생을 그 요란한 비명에서 엿보게 되어 그렇습니다.

20   이치가 이렇습니다. 어른으로 산다는 건 아주 쉬운 일입니다. 정신에게는 말입니다. 어른의 몸은 이미 여러모로 잘 적응되어 있습니다. 어른의 몸은 정신에게 그다지 저항하지 않습니다. 그래서 어른 노릇 하기란 아주 쉽습니다. 하지만 아이로 산다는 것은 무척 힘든 일입니다.

그렇게 힘이 든다는 사실을 아이 스스로는 잘 모릅니다. 아직 의식이 깨어나지 않고 잠들어 있어서 그렇습니다. 그러나 지상으로 내려오기 전의 의식이 깨어나면 아이는 알게 될 것입니다. 의식이 돌아온 아이에게 삶이란 끔찍한, 엄청나게 끔찍한 비극입니다. 한번 생각해 보십시오. 여러분은 지상으로 내려왔습니다. 지상으로 내려오기 전까지 정신적 실체로 지내면서 정신의 삶에 익숙했는데 말입니다. 그 정신의 삶에서 여러분은 정신적 실체에 익숙해 있었습니다. 그때 여러분은 각자의 카르마에, 즉 이전 지상의 삶에서 얻은 결과에 자신을 잘 적응시켰습니다. 그때 우리는 이른바 자기 고유의 정신적 옷을 입고 있었습니다. 그런데 이제 지상으로 내려오는 겁니다. 저는 이런 이야기를 누구나 이해할 수 있도록 쉽게 하고 싶습니다. 그러다 보니 세상에서 가장 흔한 이야기처럼 설명하게 된다는 점을 양해하시기 바랍니다. 정신이 지상으로 내려온다는 것은 실제로 세상에서 가장 흔한 일이므로 그렇게밖에 이야기할 수 없기도 합니다. 어쨌든, 사람은 이제 지상으로 내려와야 합니다. 그러면 우리는 지상에서 살아갈 몸을 스스로 골라야 합니다.

21   사실은 이렇습니다. 이 몸은 이미 여러 세대를 거치면서 마련되어 있었습니다. 그래서 부모가 아들이나 딸을 얻게 되고, 그 아들이나 딸이 다시 아들이나 딸을 얻는 식으로 이어집니다. 그러는 가운데 몸은 유전을 통해 주어집니다. 그렇게 주어진 몸을 입게 됩니다. 그 안으로 들어가는 것이죠. 그렇게 여러분은 갑자기 완전히 다른 환경에 들어왔습니다. 그렇게 세대가 이어지는 가운데 마련된 그 몸을 입게 된 것입니다.

22　　　물론 여러분은 정신의 세계를 떠나 내려오는 과정에도 영향력을 행사합니다. 그래서 터무니없이 안 맞는 몸을 얻지는 않습니다. 하지만 대부분의 경우에는 상당한 정도로 맞지 않는 몸을 얻게 됩니다. 그렇게 맞지 않는 것 안으로는 정신이 제대로 들어가지 못합니다. 몸이 영혼에 맞지 않듯 장갑이 손에 조금이라도 맞지 않으면, 여러분은 그 장갑을 사방으로 던져버릴 것입니다. 그런 장갑이라면 끼고 다닐 생각은 털끝만치도 하지 않을 것입니다. 하지만 여러분이 정신의 세계를 떠나 지상으로 내려오기 위해 몸을 가지려 할 때는 어떤 것이든 받아들여야 합니다. 그렇게 받아들인 몸을 여러분은 이제 이갈이 시기까지 가지고 있게 됩니다. 7, 8년을 주기로 우리의 외적 신체를 이루는 물질 재료가 완전히 또는 그 가운데 중요한 것 대부분이 새것으로 교체되기 때문입니다. 최초에 받은 치아는 한 번 교체되면 그 뒤로 계속 유지됩니다. 물론 우리 몸의 모든 조직이 그런 것은 아닙니다. 치아보다 더 중요한 기관들은 평생 7, 8년마다 교체됩니다. 만일 치아도 그렇게 교체되는 것이라면, 우리는 만 7세, 14세, 21세 등 여러 번에 걸쳐 새로운 치아를 갖게 될 테고, 그러면 이 지상에는 치과의사란 직업도 없을 것입니다.

23　　　딱딱한 기관들은 그대로 유지됩니다. 그러나 부드러운 기관들은 계속해서 새롭게 교체됩니다. 태어나서 첫 7년 동안 우리 몸은 부모의 외적 모습을 주어진 대로 가지고 있습니다. 그래서 첫 번째 몸은 하나의 모델입니다. 화가가 모델을 앞에 두고 똑같이 그리는 것처럼, 영혼을 가진 사람은 그 몸을 모델처럼 앞에 두고 있습니다. 두 번째 몸은 이갈이와 함께 첫 번째 몸에서 나오는데, 그런 변화는 7년마다 단계적으

로 이루어집니다. 그리고 이 두 번째 몸은 부모로부터 받은 첫 번째 몸을 모델로 이제 스스로를 만들어 나갑니다. 즉, 생후 7년이 지나야 비로소 스스로 만든 몸을 갖게 되는 셈입니다. 오늘날 외적 학문들이 유전 등에 관해 이야기하는 모든 것은 실제와 비교하면 허술하기 짝이 없습니다. 실제로 우리는 모델이 되는 몸을 하나 받으면 7년 동안 그것을 유지합니다. 물론 그 첫 번째 몸은 태어난 첫 해부터 이미 자신을 부수고 축출하기 시작합니다. 그런 파괴와 축출이 이어지다가 이갈이와 함께 두 번째 몸을 얻게 됩니다.

24   이때 약하나마 개별성들이 등장합니다. 그것은 미약한 상태로 내려와 이갈이 뒤부터 첫 번째 몸에 바로 뒤이어 우리가 유지할 두 번째 몸을 만듭니다. 흔히들 이 개별성은 부모와 똑같이 만들어진다고 말합니다. 하지만 그렇지 않습니다. 개별성은 주어진 모델에 따라 두 번째 몸을 만듭니다. 다만 첫 7년 동안에는 유전으로 받은 것을 가지고 있습니다. 물론 우리의 개별성은 어느 것이나 약하고, 따라서 많은 부분은 모델에 따라 만들어집니다. 그런데 강한 개별성도 있습니다. 그것은 지상에 내려와서 생후 첫 7년 동안 많은 것을 전달해줍니다. 그런 사실은 치아를 보면 알 수 있습니다. 유치를 보면 그것이 연약한 모습으로 유전되었음을 알게 됩니다. 그와는 달리 영구치는 제대로 강하게 씹을 수 있도록 적절하게 돌출되어 있습니다. 그런 것들이 바로 제대로 만들어진 강한 개별성입니다. 아이들 가운데는 만 10세가 되어도 여전히 만 4세처럼 약한 개별성을 보이는 경우가 있습니다. 보통의 아이들은 만 10세에 이미 완전히 달라진 모습을 보입니다. 강한 개별성이 활발하게 움직

이는 것입니다. 처음에는 모델에 의존하지만, 그 뒤로는 스스로 자기만의 몸을 만들게 됩니다.

25   그런 사실들을 잘 들여다볼 수 있어야 합니다. 이를 알지 못하면 과학은 유전과 연관된 사실들을 모르게 됩니다. 오늘날 과학에서 말하는 의미의 유전은 사람이 태어나서 만 7세가 될 때까지만 유효합니다. 그 시기 이후에 뭔가를 받는다면, 그것은 본인이 원해서 얻는 것이라고 할 수 있습니다. 말하자면 모델을 보고 원하는 것을 얻는 것이죠. 실제로는 유전된 것은 첫 번째 몸이 사라지면서, 즉 이갈이를 하면서 축출됩니다.

26   우리가 가진 영혼적인 것, 즉 정신의 세계에서 하강한 그것은 대단히 강합니다. 그것은 외적인 자연에 적응해야 하므로 우선은 서툽니다. 그러나 사실 아이의 길들여지지 않은 모든 것은 참 매혹적입니다. 물론 우리는 속물근성이 좀 있어서, 길들여지지 않은 듯 보이는 것을 모두 허용하지는 않습니다. 정신이 어떤 식으로 이 세상의 타락한 악마들 때문에 시달리는지는 아이들을 보면 알 수 있습니다. 아이는 종종 자기에게 전혀 맞지 않는 세계에 들어와야 합니다. 우리가 아이를 의도적으로 그렇게 맞지 않은 세계에 들어오도록 한다면, 그것은 끔찍한 비극입니다. 그럼에도 우리가 의도적으로 그렇게 해야 할 때, 즉 정신계로의 입문이 무엇인지 조금 아는 상태에서 의식을 가지고 무엇이 아이의 몸을 덮치는지 보면 이렇게 말할 것입니다. "뼈를 깎고 힘줄을 끊어 자기 몸을 세상에 맞는 형태로 만드는 것은 근본적으로 끔찍한 일이며 한없이 비극적인 일이다." 그러니 정신세계의 문턱을 지키는 존재가 아이로

하여금 그런 사실을 모르게 하는 것은 다행스러운 일입니다.

27   하지만 교사는 진실을 알아야 합니다. 교사는 무한한 경외심을 가지고 아이 앞에 서야 합니다. 그리고 자기 앞에 있는 아이가 지상으로 내려온 신적이며 정신적인 존재임을 알아야 합니다. 그런 사실을 알고 가슴 깊이 새기는 것을 바탕으로 교육자가 되어야 합니다.

---

28   지상으로 내려오기 전에 지상 이전의 삶에서 정신과 영혼으로 사는 사람과 지속적으로 다른 상태로 변해가야 하는 현재의 사람 사이에는 커다란 차이가 있습니다. 교사는 그 둘을 구별할 수 있어야 아이 안에서 정신의 세계가 남긴 영향을 알아볼 수 있습니다. 그런데 영혼이 정신의 삶에서 경험하지 못한 어떤 것을 아이가 습득하기란 아주 어려운 일입니다.

29   여러분도 알다시피, 신체의 내부를 볼 수 있는 주의력을 가진 사람은 지상에서 극소수에 불과합니다. 오로지 자연탐구자나 의사만이 그런 능력이 있습니다. 그들은 사람의 내부가 어떻게 만들어져 있는지 정확하게 압니다. 대부분의 사람들은 심장이 어디에 있는지도 제대로 알지 못해서 엉뚱한 곳을 가리키는데 말이죠. 심지어 이 지상에 사는 누군가에게 오른쪽과 왼쪽 폐엽을 구분해보라고 하거나 십이지장을 설명해보라고 하면 기묘한 대답들이 나올 것입니다. 그런데 인간은 지상의 생명체로 내려오기 전에는 외적 세계에 관해서 흥미가 거의 없었습

니다. 그보다는 정신적 내면의 삶이라고 일컬을 수 있는 것에 더 관심이 있었습니다. 죽음과 새로운 탄생 사이의 삶을 살아가는 인간은 거의 완벽하게 정신적 내면의 삶에만 관심을 둡니다. 사람은 지상 이전의 삶에서 얻은 체험에 따라 카르마를 형성합니다. 이 카르마는 무엇보다 정신적 내면의 삶에 의해 형성됩니다. 이때 사람의 관심은 지상적인 성격을 지닌 지식욕 같은 대상에서는 아주 멀어져 있습니다. 여기서 지식욕은 일방적으로 생기기 때문에 호기심이라고 불러도 무방합니다. 인간은 태어나기 이전, 즉 지상으로 내려오기 전에는 외적 삶을 이해하려는 지식욕, 호기심, 집착이 없고, 그런 것을 알지도 못합니다. 그러니 마찬가지로 아이에게도 그런 것은 거의 없다고 할 수 있습니다.

30　　이에 반해 아이는 주변에 있는 삶에서 무엇인가를 취합니다. 아직 지상으로 내려오지 않은 사람은 실상 온전히 세계의 바깥에서 살아갑니다. 이때는 온 세계가 그의 내면이 됩니다. 세계의 안과 바깥이라는 구별이 없기 때문입니다. 그래서 아이는 외적인 것을 향한 호기심이 없습니다. 모든 것이 내적인 것이기 때문이죠. 그렇다고 딱히 그 내적인 것에 흥미가 있는 것도 아닙니다. 그런 세계에 사는 사람에게 이는 너무나 당연한 일입니다.

31　　생후 첫 7년 동안 아이는 걷기, 말하기, 생각하기를 배우는데, 근본적으로 보면 지상으로 내려오기 전에 행동하던 것을 똑같이 배우는 셈입니다. 그리고 명심해야 할 것은 이것입니다. 이 시기의 아이에게 어떤 낱말을 가르치려 들면, 여러분은 그 아이로 하여금 그 낱말을 배울

흥미를 완전히 잃어버리게 합니다. 지식욕이나 호기심이 교육에 도움이 되리라는 여러분의 기대는 정작 아이가 배워야 할 바로 그것을 아이에게서 사라지게 합니다. 여러분은 절대로 호기심을 기대해서는 안 됩니다. 여러분이 기대할 것은 아주 다른 것입니다. 그것은 바로 이 아이가 자연스럽게 여러분 안으로 들어오고 여러분도 그 아이 안에서 사는 것입니다. 아이가 즐기고 체험하는 모든 것이 마치 그 아이의 내면인 것처럼 되어야 합니다. 아이에게 영향을 미치기를 원하는 사람은 스스로 아이에게 영향을 미치는 아이의 팔과 같은 존재가 되어야 합니다. 그 아이 몸의 일부처럼 되어야 한다는 말입니다. 그런 다음 이갈이를 마치고 만 7세~14세 기간에 접어들 때, 아이에게서 점점 호기심과 지식욕이 자라나오는 모습을 살펴보면서 그 호기심에서 무엇이 발현하는지 사려 깊고 조심스럽게 지켜보아야 합니다.

32   어린아이는 아직 호기심이 없는 포대 자루 같습니다. 그 시기에 아이에게 뭔가 인상을 남기려는 사람은 스스로 뭔가 특별한 것이 되어야 합니다. 밀가루 포대가 자기 주변에 대해서 관심이 없는 것처럼 어린아이도 호기심이 없습니다. 하지만 밀가루를, 특히 곱게 제분된 밀가루를 눌러 흔적을 내면 그것이 그대로 남는 것처럼, 아이의 호기심 때문이 아니라 여러분이 아이와 일체를 이루기 때문에 흔적이 잘 남습니다.

33   이 모든 것은 이갈이와 함께 달라집니다. 이때부터는 아이가 던지는 질문에 관심을 가져야 합니다. "저건 도대체 뭐예요?" "별은 뭐로 봐야 잘 보여요?" "별은 왜 하늘에 있어요?" "할머니는 콧부리가 왜

둥근가요?" 이렇게 아이는 모든 것을 묻습니다. 주변에 대해 호기심이 생기기 때문이죠. 이때 여러분은 이갈이와 함께 아이에게서 서서히 드러나는 호기심과 주의력을 파악하는 섬세한 감각이 있어야 합니다. 호기심과 주의력이 발현되는 시기가 바로 이갈이 시기입니다. 그 시기의 아이를 대하는 여러분은 아이의 호기심과 주의력에 상응하게 행동해야 합니다. 여러분이 아이와 함께 무엇을 할지는 아이로 하여금 판단하도록 해야 합니다. 다시 말하면, 여러분은 이갈이와 더불어 아이 안에서 깨어나는 것에 대해 최대한 적극적으로 관심을 가져야 합니다.

34   이 시기에는 아이에게서 대단히 많은 것이 깨어납니다. 호기심은 물론 지성에서 나오는 것이 아닙니다. 만 7세 아이에게는 아직 지력이라고 할 만한 것이 없으므로, 그런 아이에게 지성을 기대한다면 완전히 잘못 짚은 셈입니다. 하지만 이 시기의 아이에게는 판타지가 있고, 우리는 이 판타지에 기대를 걸어야 합니다. 우리가 "영혼의 모유"라는 개념을 얻는 것이 중요합니다. 아이가 태어나면 우리는 아이에게 물질로 된 몸의 모유를 줍니다. 모유는 아이에게 필요한 모든 것이 들어 있는 음식물입니다. 모유를 먹기만 하면 아이는 필요한 영양분을 모두 섭취하게 됩니다. 이제 아이가 자라면 아이에게 갖가지 영양분을 따로따로 공급할 필요가 없습니다. 아이가 이갈이를 마치고 학교에 입학하면, 아이에게는 모든 것을 담고 있는 한 가지, 곧 영혼의 모유가 제공되어야 합니다. 아이가 읽기와 쓰기를 따로따로 배운다면, 여러분은 그 모유를 두 가지 화학 성분으로 나누어 따로따로 아이에게 주는 셈이 됩니다. 읽기, 쓰기 등 모든 것은 하나로 통합되어야 합니다. 아이가 초등학교에

입학하면 영혼의 모유라는 개념이 등장해야 합니다.

35   그렇게 되려면 우리는 이갈이 시기의 수업과 교육을 예술적인 방법으로 구성해야 합니다. 모든 과정에 예술의 요소가 스며들어야 합니다. 쓰기 수업을 예술적으로 구성한다는 것은 그리기를 바탕으로 한다는 뜻입니다. 그 점에 관해서는 내일 다시 자세히 말씀드리겠습니다. 그리기에서 출발하여 쓰기와 읽기로 연결하는 식으로 예술적으로 구성하는 것, 아이가 간단한 방법으로 예상할 수 있는 것과 연결시켜 읽기와 쓰기를 예술적으로 구성하는 것 등은 모두 하나로 통합되어야 합니다. "영혼의 모유"가 필요한 모든 것을 포함하고 있는 것처럼, 먼저 그런 통합적인 구성이 이루어져야 합니다. 초등학교에 들어오는 아이들에게는 그런 것이 필요합니다.

36   그리고 이 아이가 사춘기가 되면 "정신의 모유"가 필요합니다. 오늘날에는 사람들에게 그 점을 납득시키기가 상당히 어렵습니다. 지금처럼 물질주의에 빠진 시대에는 정신을 이야기할 자리가 없기 때문입니다. 어쨌든 우리가 정신의 모유를 만들기란 무척 어렵고, 따라서 이른바 저 버릇없고 막돼먹은 청소년들에게 맡겨 두어야 합니다. 우리에게는 정신의 모유가 없기 때문입니다.

37   오늘 저는 여러분을 본론으로 이끌기 위한 도입부를 말씀드렸습니다. 내일은 본격적인 고찰로 들어가서 구체적인 내용을 논의하도록 하겠습니다.

두 번째 강연
1924년 8월 13일

01   어제 저는 이갈이 시기에 아동 발달에서 대대적으로 일어나는 갑작스러운 변화를 생각해야 한다고 말씀드렸습니다. 결국 우리가 유전 또는 유전된 특성이라고 말하는 것은 오로지 삶의 첫 단계에서만 직접적인 역할을 하는 셈입니다. 바로 생후 첫 7년 동안은 물질적인 신체 안에 점차로 두 번째의 생명 유기체가 만들어지는데, 생명 유기체는 유전을 통해 전해 받은 것을 모델로 하여 형상을 만들어, 이갈이가 이루어질 때 두 번째 생명 조직이 완성됩니다. 정신세계, 즉 지상 이전의 세계에서 내려오는 개별성이 약한 경우, 두 번째 생명 유기체는 유전된 것과 유사합니다. 그러나 개별성이 강하면, 만 7세부터 14세, 즉 이갈이와 사춘기 사이에는 유전된 특성들을 차츰 제치고 개별성이 득세합니다. 이때 아이들 몸의 외형은 이전과는 다른 모습으로 바뀝니다.

02   특히 이 두 번째 성장 기간에 드러나는 영혼의 특징을 따라가 보면 흥미로운 사실을 알게 됩니다. 이갈이 이전의 첫 번째 성장 기간에는 어느 면으로는 아이의 전신이 하나의 감각기관입니다. 여러분은 아이 전체가 감각기관이라는 이 표현을 그야말로 글자 그대로 받아들여야 합니다.

03   예를 들어 사람의 눈이나 귀를 살펴봅시다. 그런 감각기관의 특징은 무엇일까요? 이 감각기관들은 외부세계의 인상을 민감하게 받

아들입니다. 그리고 눈을 관찰하면 눈 안에서 실제로 어떤 과정이 진행되는지 보입니다. 생후 첫 7년 동안에는 아이 전체가 눈입니다. 간단히 말씀드리면, 외부의 모든 사물은 눈 안에 하나의 상으로, 그것도 거꾸로 된 상으로 맺힙니다. 물론 이 사실은 누구든 이해할 수 있는 진부한 물리학에서 가르치는 내용입니다. 결국 외부세계란 눈 안의 상으로 내부에 들어 있는 셈입니다. 그런데 기존의 물리학은 딱 그 지점에 머물러 더 이상 나아가지 않습니다. 우리 내부에서 상이 만들어진다는 이 가장 외면적이고 물리학적인 사실은 기껏해야 우리가 눈에 관해 알아야 할 것의 시작일 따름인데 말입니다.

04   물리학자가 정밀하게 관찰할 수 있는 수단을 동원하여 그 상을 들여다본다면, 이런 것을 발견하게 될 것입니다. 즉, 이 상이 눈의 맥락막 안에서 일어나는 혈행을 결정합니다. 맥락막 전체의 혈액 순환이 그 상의 특성으로부터 영향을 받는다는 이야기입니다. 눈 전체가 이런 현상에 관여하고 있지만, 일상적인 물리학은 이런 정교한 과정을 관찰의 대상으로 삼지 않습니다.

05   어쨌든 생후 첫 7년 동안 아이는 곧 눈입니다. 좀 더 분명한 예를 들어 볼까요? 아이 근처에 있는 사람이 분노를 터뜨리거나 거칠게 화를 내면, 아이는 온몸으로 그 사람의 내면에서 폭발하는 분노를 하나의 상으로 받아들입니다. 에테르체가 상을 만드는 것입니다. 그러면 분노의 폭발과 관련된 무엇인가가 아이의 혈액 순환과 혈관의 신진대사 전체에 전해집니다.

06   생후 첫 7년 동안 신체기관은 그런 방향으로 발달합니다. 그것은 대단히 정교한 과정으로, 화를 잘 내는 아버지나 욱하는 유아교사 곁에서 자라는 아이의 혈관체계는 분노를 지향하고 그에 맞춰집니다. 이렇게 심어진 성향에서 나오는 태도는 그 아이의 전 생애 동안 사라지지 않습니다.

07   이런 것들이 아이에게 가장 중요합니다. 여러분이 아이에게 이야기하고 가르치는 것이 아직은 별다른 인상을 남기지 않습니다. 여러분이 아이에게 말한 것을 아이가 언어적으로 모방하는 효과만 남길 뿐입니다. 하지만 말하거나 가르칠 때 여러분이 보이는 태도, 즉 여러분이 선한 사람이어서 그 덕목이 여러분의 몸짓으로 드러나거나 악하고 화로 가득한 사람이어서 그것이 여러분의 몸짓으로 드러나는 것, 곧 여러분 자신이 하는 행동은 모두 아이 안에 남는다는 사실이야말로 핵심입니다. 몸 전체가 감각기관인 아이는 사람들이 아이에게 주는 모든 인상에 반응을 보입니다. 따라서 본질적으로 중요한 것은 아이가 무엇이 좋고 나쁜지를 비롯해서 이것저것 배울 수 있다고 여러분이 믿는 게 아니라, 아이 곁에서 여러분이 하는 모든 행동이 아이의 유기체 안에서 정신, 영혼, 몸으로 바뀐다는 사실을 아는 것입니다. 아이의 주변에 있는 사람들이 어떻게 행동하는가에 따라 아이 일생의 건강 문제가 결정됩니다. 아이가 갖게 되는 갖가지 성격도 그 아이의 주변에 있는 사람들이 어떤 태도를 보이는가에 달려 있습니다.

08   보통 유아교육 기관에서 아이와 함께 하도록 권장하는 모든 것

은 아무 쓸모가 없습니다. 유아 현장에서 이루어지는 수업에서는 대부분 아주 현명하게 구성된 내용을 가르칩니다. 19세기를 거치면서 유치원에서 가르치도록 고안된 것들을 들여다보면 정말 놀랍도록 현명합니다. 아이는 유아 현장에서 이미 많은 것을 배우고, 심지어 책도 거의 읽을 정도가 됩니다. 낱말을 이루는 철자를 따로따로 구분해서 배우기도 합니다. 그렇게 모든 것이 대단히 지적인 것처럼 보입니다. 그리고 우리는 그런 것들이 아이에게 뭔가 도움이 될 것이라고 믿게 되기 십상입니다. 하지만 그런 것들이 사실은 아무짝에도 쓸모가 없습니다! 실제로 아무런 소용이 없다는 말입니다. 오히려 그런 것들 때문에 아이의 영혼이 망가집니다. 몸속 깊은 곳의 건강에 이르기까지 아이는 망가집니다. 유아 현장에서 이루어지는 그런 학습 때문에 아이는 몸과 영혼 모두 허약한 사람으로 커갑니다.

09   그와는 달리 아이를 유아 현장에 받아들인 뒤 여러분이 아이가 따라 할 수 있는 행동을 한다면, 즉 아이가 지상 이전의 영혼 존재였을 때부터 익숙해져 있어서 스스로 따라 할 수 있는 행동을 한다면, 아이가 여러분을 닮는 결과를 낳을 수도 있습니다. 하지만 여러분이 아이가 닮을 수 있는 교사가 될지는 전적으로 여러분 자신에게 달렸습니다.

10   보시다시피 생후 첫 7년 동안 여러분이 주시해야 하는 것은 바로 그런 것들이며, 여러분이 도덕적이라고 여기는 말이나 겉모습이 아닙니다.

11   아이가 여러분의 무섭도록 화난 얼굴을 보고 까탈스러운 사람이라는 인상을 받으면, 그 화난 얼굴에 의해 아이는 평생 지속될 상처를 입습니다. 바로 그런 이유로 어린아이에게는 사람을 관찰하고 사람답게 사는 것에 완전히 몰두하는 교육자가 반드시 필요합니다. 교육 프로그램의 중점을 어디에 두느냐는 전혀 중요하지 않습니다. 어떤 사람인지가 가장 중요합니다. 똑똑한 사람들이 넘치는 요즘에는 교육 프로그램을 만드는 일이 어렵지 않습니다. 이것은 제가 빈정대느라 하는 말이 아닙니다. 우리 시대의 사람들은 정말 총명합니다. 몇 사람만 모여 앉아 머리를 맞대고 수업이나 교육에서 할 것을 논의하기만 하면 매우 현명한 수업 내용이 만들어집니다. 지금까지 교육이나 수업의 프로그램이 형편없는 경우는 한 번도 본 적이 없습니다. 프로그램들은 언제나 대단히 요령 있게 만들어졌더군요. 하지만 문제는 그런 교육 프로그램이 있는지 여부가 아니고, 제가 앞에서 제시한 원칙대로 영향을 미칠 수 있는 사람이 학교 현장에 있느냐는 것입니다. 그와 같은 교육 신념을 가지는 것이 무척 중요한 이유는 무엇보다 온전히 감각기관으로 존재하는 성장기의 아이에게 그런 신념이 결정적인 영향을 미치기 때문입니다.

12   이제 이갈이가 이루어지면, 아이는 더 이상 예전과 같은 정도로 전신이 감각기관인 상태에 머물지 않습니다. 이미 만 3세부터 4세에 걸친 시기에도 그 정도는 낮아지기 시작합니다. 하지만 그 시기까지 아이가 가진 아주 각별한 특성을 우리는 잘 모르고 지나갑니다. 여러분이 단것이나 신 것을 먹을 때는 그 맛을 혀와 구강으로 감지합니다. 그런데 젖을 빠는 아기는 젖 맛을 전신으로 느낍니다. 맛에 대해서도 아이는 몸

전체가 감각기관이기 때문입니다. 그래서 우리는 때때로 특이한 경험을 하게 됩니다.

13   옛날보다는 드물어졌지만, 어른이 되어가는 아이들, 그러니까 만 15세나 16세, 또는 만 20세가 된 아이는 생기를 잃고 수척해집니다. 그런데 아이에게는 편치 않은 일이겠지만 전신이 감각기관인 아이들을 볼 수 있습니다. 제가 만난 어느 남자아이가 그런 경우였습니다. 자신이 좋아하는 음식을 보면, 아이는 손과 발을 휘저으면서 음식을 먹는 기관 만이 아니라 전신이 미각을 느끼는 기관임을 보여주었습니다. 한 가지 주목할 만한 것은 그 아이가 만 9, 10세가 되었을 때 이미 뛰어난 오이 리트미 감각을 가진 오이리트미스트가 되었다는 사실입니다. 그러니까 음식을 향해 손발을 움직이는 행동 안에 들어 있던 소질이 의지기관들 안에서 완성되었다는 이야기입니다.

14   제가 이런 것들을 열거하는 이유는 여러분을 즐겁게 하려는 게 아니라 어떻게 관찰할 것인가를 보여드리기 위해서입니다. 사람들이 그 런 이야기를 하는 경우는 대단히 드물지만, 그런 일은 언제나 우리 앞에 서 벌어지고 있습니다. 이렇게 겉으로 드러나는 생명의 특징을 지나쳐 버리고도 사람들은 생명을 관찰하는 대신 어떻게 교육할 것인지를 찾 아내려 합니다.

15   삶이란 한 순간 한 순간이 흥미롭습니다. 아주 사소한 것들도 흥미롭습니다. 예를 들어 후식으로 배를 집어가는 사람들을 관찰해 보

십시오. 어느 한 사람도 다른 사람과 같은 방식으로 배를 집지 않습니다. 큰 그릇에서 배 하나를 집어 개인 접시로 옮기거나 아예 접시에 놓지 않고 바로 입으로 가져가기도 하는 그 모든 다양한 동작 안에 한 사람 한 사람의 성격 전체가 고스란히 담겨 있습니다.

16   우리가 생활 속에서 그런 것에 대한 관찰 감각을 기른다면, 오늘날 유감스럽게도 너무나 쉽게 눈에 띄는 학교의 그 참담한 현실은 있지도 않을 것입니다. 요즘은 펜과 분필을 제대로 쥐는 아이를 찾기 힘듭니다. 아이들은 어떤 식으로든 펜과 분필을 잘못 잡는데, 그건 우리가 제대로 관찰하는 감각이 없기 때문입니다. 제대로 관찰하기란 쉽지 않습니다. 발도르프 학교에서도 쉽지 않습니다. 교실에 들어가면 가장 먼저 펜과 분필 잡는 방법을 비롯해서 여러 가지를 제대로 확인해야 합니다. 이와 관련해서 우리가 놓쳐서는 안 될 것은 사람이란 하나의 통일체이며 따라서 여러 방면에 숙달해야 한다는 사실입니다. 결국 아이를 양육하고 교육하는 사람은 일상을 관찰해야 한다는 이야기입니다. 그리고 정말 원칙 안에서 뭔가를 이루어 내기를 바란다면, 여러분이 진정한 교육예술의 첫 번째 기반으로 삼아야 하는 것은 "생활에서 드러나는 모든 것을 관찰하는 능력"입니다.

17   그런 관찰 능력을 최대한 철저하게 배워야 합니다. 아이들을 한번 뒤에서 보시기 바랍니다. 어떤 아이는 발바닥 전체가 바닥에 닿도록 쿵쿵거리며 걷고, 또 어떤 아이는 까치걸음을 합니다. 그리고 또 다른 아이는 그 두 가지 걸음걸이와는 다른 여러 방법으로 걷습니다. 어떤

아이를 교육하려면 먼저 그 아이가 어떻게 걷는지 정확하게 알아야 합니다. 뒤꿈치로 확실하게 바닥을 딛는 아이의 그 작은 행동 특성에서 드러나는 것은 그런 습관이 아이의 이전 지상의 삶에서 아이 안에 단단히 자리 잡았던 것, 즉 이전에 이루어진 지상의 삶에서는 모든 것에 흥미를 가졌다는 사실을 보여주기 때문입니다.

18   그러므로 우리는 그런 아이에게서 무엇을 이끌어낼 것인지를 보아야 합니다. 발꿈치를 강하게 딛는 아이의 내면에는 많은 것이 들어 있습니다. 이와는 달리 발꿈치를 바닥에 거의 대지 않고 발끝으로 종종 걸음을 치는 아이는 이전에 이룬 지상의 삶을 스치듯 살았습니다. 그런 아이에게서는 많은 것을 끌어내지 못하지만, 우리는 그 아이 곁에서 되도록 많은 것을 해야 합니다. 그래야 아이가 많은 것을 따라 하게 됩니다.

19   우리는 이렇게 이갈이라는 과도기를 관찰하며 체험해야 합니다. 그렇게 하면 아이가 전신이 감각기관이었던 과거로부터 무엇보다 상징화하는 재능, 즉 판타지 능력을 끌어내어 발달시킨다는 것을 발견하게 되며, 놀이에서도 그런 발달을 기대할 수 있습니다. 하지만 오늘날 물질주의 시대는 그와는 너무나 다른 길을 가고 있습니다. 예를 들어 요즘은 아이를 위한 예쁜(것이라고 믿는) 인형이 많습니다. 그런 인형은 얼굴은 정말 완벽하고 뺨은 아름답게 색칠되어 있으며 심지어 눕히면 눈을 감기까지 합니다. 진짜 모발로 만드는 머리칼 말고도 놀랄 부분이 얼마나 많은지 모릅니다! 하지만 바로 그것들이 아이의 판타지를 죽입니다. 그런 인형 모습은 아이가 창조적으로 상상해낼 여지를 주지 않으

니 그렇습니다. 게다가 그런 인형으로는 아이가 재미있게 놀지도 못합니다. 그와 달리 우리가 냅킨이나 손수건으로 인형을 만들어 잉크로 눈과 입을 찍고 팔 모양을 적당히 매듭지어주면, 아이는 그 인형에다 자신의 상상력을 동원해서 아주 많은 것을 덧붙입니다. 되도록 아이 스스로 많은 것을 덧붙일 수 있게 해서 판타지와 상징화를 위한 활동이 발달되도록 하는 것이 아이에게 대단히 유익합니다. 아이를 위해서는 그런 것들을 찾아내야 합니다. 되도록 덜 완성된 것, 그러면서도 아름다운 것을 주어야 합니다. 앞서 말한 진짜 머리털 등으로 예쁘게 만든 인형은 상투적으로는 아름답게 보이지만 실제로는 예술적이지 않기 때문에 흉합니다.

20   우리가 정확하게 알아야 할 중요한 사실은 이같이가 마무리되는 연령대에서 아이가 판타지의 활동으로, 지적 삶이 아닌 상상력의 삶으로 넘어간다는 것입니다. 이때 여러분은 교사로서, 교육자로서 아이가 그런 변화를 이루어갈 수 있도록 해 주어야 합니다. 판타지의 활동을 실현시킬 수 있으려면 우리 영혼의 내면에서 진정으로 사람을 이해할 수 있어야 합니다. 사람에 대한 이해가 내적 영혼 활동을 다시 살아나게 하고, 얼굴에 미소가 번지게 합니다. 화를 내고 인상을 쓰는 것은 사람에 대한 이해가 부족한 탓입니다. 물론 몸 어딘가가 아파서 얼굴이 일그러질 수도 있습니다. 하지만 그런 건 상관없습니다. 아이는 그런 이유로 일그러진 얼굴에는 반응하지 않습니다. 사람에 대한 이해로 가득한 영혼의 가장 깊은 내면이 겉으로 드러나는 얼굴이야말로 교사로 하여금 진정한 교육자가 되도록 합니다.

21   그러므로 이갈이와 사춘기 사이의 시기에는 판타지의 본질을 토대로 교육이 이루어져야 합니다. 전신이 감각기관인 상태라고 말하는 생후 첫 몇 년 동안은 아이에게 일어나는 모든 것이 영혼적으로 더욱 내면화된다고 해도 좋습니다. 감각기관은 사고하지 않으니까요. 감각기관들은 상像, Bild을 지각하거나, 더 정확히 말하면, 외부에 있는 대상들을 상으로 만드는 것이죠. 감각기관인 아이가 만들어내는 것이 영혼적인 것이 되어도 그로부터는 사고가 나오지 않고 하나의 상, 영혼적인 상, 상상력에 의한 상이 만들어질 따름입니다. 따라서 아이 앞에 선 교사는 상으로 수업해야 합니다.

22   그래서 적어도 아이에게 완전히 낯선 것을 제시할 때에는 그림을 사용합니다. 아이에게 완전히 낯선 것이라면 오늘날 우리가 사용하는 알파벳(손으로 쓴 것이나 인쇄된 것 어느 쪽이라도)을 예로 들 수 있습니다. 아이는 A라는 글자와 아무런 관련이 없습니다. 아이가 A라는 글자와 무슨 관계가 있겠습니까? 아이가 왜 L이라는 글자에 관심을 가지겠습니까? 그러니 알파벳은 아이에게 완전히 생소합니다. 그런데도 학교에서는 아무 생각 없이 아이에게 글자를 가르치려 듭니다. 그 결과 아이는 자신이 배워야 할 것을 완전히 낯설게 느끼게 됩니다. 심지어 가정에서는 이갈이가 시작되기도 전에 아이에게 그런 것을 가르치려고 갖가지 형태의 알파벳을 하나씩 떼어 아이의 머리에 집어넣으려 합니다. 아이에게서 너무나 멀리 떨어져 있고 아이와 아무 관계도 없는 것들을 들이대며 가르치겠다는 것입니다.

23   그와는 달리 아이는 애초부터 예술적인 감각, 의미를 그림으로 표현하는 판타지를 가지고 있습니다. 바로 이 능력을 자극하고 활용하는 쪽으로 방향을 잡아야 합니다. 그리고 처음에는 지금까지의 방법으로 손으로 쓰거나 인쇄한 글자로 접근해서는 안 됩니다. 그 전에 아이와 함께 '요령 있게' - 이런 표현을 사용하는 것을 이해해주시기 바랍니다만 - 인류 문화의 발달 과정 전체를 체험하도록 시도해야 합니다.

24   옛 인류는 상형문자를 사용했습니다. 말하려는 대상을 떠올리게 하는 그림을 판에다 그렸던 거죠. 문화사를 다 공부하지 않아도, 옛 인류가 상형문자로 전하려 했던 것에 숨은 의미와 정신을 아이에게 전달할 수 있습니다. 그렇게 하면 아이는 글자를 아주 편안하게 받아들일 것입니다.

25   다음에 말씀드리는 것을 생각해 보면, 저의 뜻을 간단히 알 수 있을 것입니다. 독일어의 "입"(Mund 문트), 영어로 "mouth"라는 낱말을 예로 들어 봅시다. 교사가 아이에게 입을 그림으로 표현하도록 하면서 빨강 물감도 사용하게 하고, 아이에게 그 낱말을 소리 내어 보도록 하면서 이렇게 말합니다. "자, Mund라는 낱말을 다 말하지 말고, 우선 M으로 시작하자. 윗입술을 천천히 M자 모양으로 만들면(그림 참조), 우리가 그린 그림처럼 입에서 M이라는 발음이 나온다."

26	알파벳은 사실 그런 식으로 만들어졌습니다. 다만 오늘날 우리가 사용하는 낱말에서는 알파벳이 원래 그림에서 만들어졌음을 알아채기가 어려울 뿐입니다. 언어의 발달 과정에서 모든 낱말의 형태가 변화를 겪었기 때문입니다. 원래는 음 하나하나가 그에 해당하는 그림을 가지고 있어서 그림으로 분명하게 표현될 수 있었습니다.

27	그렇다고 오늘날 낱말에 담긴 그 옛날의 특성으로 돌아갈 필요는 없습니다. 새로운 특성을 상상해내면 됩니다. 교사는 상상력이 풍부해야 합니다. 그 상상력으로 사물의 정신에서 새로운 것을 이끌어내야 합니다.

28	"물고기"(Fisch 피시, 영어의 fish)라는 낱말을 예로 들어 봅시다. 아이에게 물고기 한 종류를 그리고 색칠해서 표현해 보도록 합니다. 그리고 낱말의 첫 부분인 "F"를 발음해 보게 합니다. 그러면 그 그림에서 점점 "F"가 나타납니다.

29	이렇게 하면 모든 자음의 모양이 소리와 일치함을 알 수 있습니다. 교사가 상상력을 발휘하면 글자에서 그림을, 또 그림에서 글자를 이끌어내게 됩니다.

30   이런 교육 방법은 오늘날 사용하는 방법보다 훨씬 번거롭습니다. 아이들에게 두세 시간 동안 그림을 그리게 한 뒤에는 그려진 것을 정리하고 아이들이 사용한 것을 치워야 하니까요. 하지만 달리 올바른 방법이 없으므로 그렇게 해야 합니다.

31   그렇게 하는 가운데 여러분은 그림에서 철자를 이끌어내는 과정을 알게 되고, 그 그림을 생활 현장에서 직접 가져올 수 있다는 것도 알게 됩니다. 그리고 반드시 그렇게 해야 합니다. 읽기를 꼭 먼저 가르치기보다는 먼저 그림으로 표현하고 표현한 그림 속에 글자가 드러나도록 합니다. 이렇게 넘어가면서 비로소 읽기를 가르쳐야 합니다.

32   자음을 가르칠 때는 주위의 사물에서 필요한 재료를 얻을 수 있습니다. 낱말의 첫 음, 첫 글자가 생기는 모습을 가르칠 재료는 얼마든지 있습니다. 모음을 위한 자료는 찾기가 쉽지 않습니다. 그래도 모음의 경우 다음과 같은 방법이 가능하리라고 생각합니다. 먼저 아이에게 이렇게 말합니다. "저 예쁜 해를 좀 봐. 감탄이 절로 나오지? 그럼 놀랍도록 아름다운 해를 향해 고개를 들고 감탄하는 소리를 내어 보자." 그러면 아이는 일어나서 고개를 들고 해를 보면서 "아!" 하고 탄성을 지릅니다. 우리는 아이가 내는 "아!"(Ah!)를 칠판에 씁니다.

히브리어로도 "A"는 감탄을 나타내는 글자입니다. 처음에는 소문자로

쓴 다음 천천히 대문자로 넘어갑니다.

33   그렇게 함으로써 교사는 내면의 영혼적인 것, 즉 오이리트미의 개념들을 아이에게 제시하고, 아이 스스로가 그 상황으로 들어가도록 합니다. 그 방법으로 모음을 가르칠 수 있습니다. 오이리트미는 이렇게 교사 여러분에게 강력한 수업 도구가 됩니다. 모음이란 오이리트미 안에서 만들어진 것이기 때문입니다. 한번 O를 생각해 보십시오. 무언가를 감싼 것, 사랑스럽게 무언가를 감싸 안은 듯합니다. 거기에서 우리는 "O"라는 소리 기호를 얻을 수 있습니다. 실제로 몸짓이나 얼굴에서도 모음을 이끌어낼 수 있습니다.

( )

34   그렇게 관찰을 통해 상상에서 많은 것을 이끌어냅니다. 그러면 아이는 모음 소리를 비롯해서 사물에서 점점 더 많은 글자를 알게 됩니다. 그러므로 우리는 그림으로 시작해야 합니다. 오늘날 우리 문명권에서 완성된 모습으로 주어지는 알파벳에는 분명 발전의 역사가 담겨 있습니다. 그것은 그림에서 시작되어 단순한 형태로 변화했고, 그래서 오늘날 그 주술 기호처럼 보이는 알파벳에는 원래의 그림이 무엇이었는지 드러나지 않습니다.

35   유럽인, 그러니까 소위 "우월한 사람들"이 원시적인 아메리카 대륙에 건너갔을 때, 19세기 중반이지만 그곳 원주민은 인쇄된 글자를 보고 그것이 악마처럼 보여 놀라서 달아났습니다. 그 사람들 눈에는 알파벳이 조그만 악마처럼 보였던 것입니다. "얼굴이 창백한 사람들"(원

주민은 백인을 이렇게 불렀죠)이 작은 악마, 귀신들을 도구로 소통한다고 말입니다.

36   그런데 아이가 글자를 볼 때도 마찬가지입니다. 아이에게 글자는 아무런 의미가 없습니다. 너무나 당연한 일이지만 아이는 글자 속에 악마 같은 것이 들어 있다고 느낍니다. 글자는 기호이기 때문에 이미 주술의 수단이 되었습니다.

37   학습은 그림으로 시작해야 합니다. 그림은 주술 기호가 아닙니다. 그림은 실제적인 것이고, 그래서 그림에서 출발하여 학습이 이루어져야 합니다.

38   그러면 사람들이 와서 이렇게 말할지도 모릅니다. "이런 식으로 하면 아이들이 읽기와 쓰기를 너무 늦게 배우게 됩니다." 하고 말이죠. 하지만 그건 아이가 쓰기, 읽기를 일찍 배우는 게 얼마나 해로운지 몰라서 하는 말입니다. 일찍 쓸 수 있게 되는 것은 아주 나쁜 일입니다. 요즘 우리가 하는 식의 읽기와 쓰기는 좀 더 늦은 나이에, 즉 만 11세나 12세에 배워야 합니다. 그 이전에 읽기와 쓰기를 배우지 않도록 배려를 받을수록 훗날 아이에게는 더욱 바람직합니다. 제가 직접 겪은 아이가 그랬습니다. 만 14, 15세가 되었는데도 여전히 쓰기가 제대로 되지 않았던 아이가 있었는데, 그 이후의 정신적 발달에서는 만 7, 8세에 읽기와 쓰기를 다 배웠던 아이들과 비교해서 전혀 뒤처지지 않았습니다. 교사는 바로 그런 점들을 잘 관찰해야 합니다.

39   물론 아이들을 사립학교라는 공적인 환경 안으로 밀어 넣어야하는 오늘날에는 해야 할 배려를 제대로 할 수 없는 것이 당연합니다. 하지만 그런 사실을 아는 사람이라면 정말 많은 것을 제대로 할 수 있습니다. 제대로 아는 것이 관건입니다. 무엇보다 반드시 알고 인식해야 하는 것은 쓰기에 앞서 읽기를 가르쳐서는 안 된다는 사실입니다. 이 점이 특히 중요한 이유는 그리면서 표현하고 표현하면서 그리는 작업을 통해 쓰기를 배우는 것이 아이 전체를 활동하게 만들기 때문입니다. 손가락을 움직여야 하고 몸의 자세도 관여되는 작업에서 아이 전체가 동원되는 것이죠. 하지만 읽을 때는 머리만 활동합니다. 이렇게 신체기관 가운데 하나만 활동하게 만들고 다른 기관은 그대로 내버려두는 과제는 아이에게 되도록 늦게 가르쳐야 합니다. 먼저 아이 전체를 움직여 활발하게 만드는 것을 가르친 다음에 신체기관 한 부분만 움직이게 하는 것을 가르쳐야 합니다.

40   그런데 그렇게 가르치려고 하는 교사에게는 세부적인 수업 지침이 아니라 하나의 방향만 주어집니다. 그래서 여러분은 인지학에 토대를 둔 이런 수업 방법을 절대적으로 자유롭게, 교사이자 교육자로서 자유롭고 창의적인 상상력을 가지고 실천할 수 있습니다.

41   발도르프 학교에서 우리는 일종의 걱정스러운 성공을 거두고 있습니다. 우리는 처음에 130명에서 140명쯤 되는 학생으로 시작했는데, 이 학생 수는 에밀 몰트 씨의 산업체(발도르프 아스토리아 담배공장)에서 어떤 의미로는 '강제로 보내진' 아이들에다 인지학에 관심 있

는 사람들의 자녀 몇 명이 더해진 숫자였습니다. 그런데 학생 수는 금세 800명으로 늘었고 교사도 4, 50명이 되었습니다. 참으로 걱정스러운 성공이라고 한 이유는 그렇게 숫자가 늘면 점점 학교 전체를 조망하기 어렵게 되기 때문입니다. 발도르프 학교의 시설에 관한 설명을 들으시면 그렇게 규모가 커진 학교를 한 눈에 조망하기란 얼마나 어려운지 이해하시게 될 것입니다. 물론 그런 학교라고 하더라도 한 눈으로 볼 수는 있습니다. 그 이유는 나중에 말씀 드리겠습니다. 규모가 커짐에 따라 우리는 한 학년에 여러 학급을 설치해야 했습니다. 5학년과 6학년에서 각 학년을 a, b, c 세 학급으로 나눈 것입니다. 그렇게 나뉜 각 학급도 다른 학년의 학급보다 더 많은 학생을 수용하고 있는 실정입니다.

42   우리 학교의 학급 a와 학급 b에는 각기 다른 교사가 배치되어 있습니다. 그런데 이른바 "제대로 구성된" 일반 교육 환경이라는 곳에서 그렇게 복수의 학급이 있을 때 수업이 어떻게 돌아가는지 생각해 보십시오. 한 교사가 1학년 a반에 들어가서 최선이라고 여겨지는 방법으로 수업을 진행합니다. 그런 다음 그 교사는 1학년 b반에 들어갑니다. 그 학급에 a반이라는 이름을 붙인다고 해도 그 안에는 이전 학급과는 다른 아이들이 앉아 있습니다. 중요한 것은 두 학급에서 "올바른 방법"이라고 여겨지는 동일한 수업이 이루어진다는 사실입니다. 물론 그런 교수 방법론은 현명하게 짜여진 것입니다. "지적인 능력이란 바로 이러저러한 것이다."라고 명백하게 정해져 있으니 그럴 수밖에 없습니다.

43   하지만 발도르프 학교에서는 그런 것을 전혀 볼 수 없습니다. 여러분이 우리 학교에서 1학년 a반에 들어가시면, 거기에서 남자든 여

자든 교사 한 사람이 수업을 하면서 아이들에게 실 같은 것으로 다양한 모양의 물건을 만들게 하고, 그렇게 만들어진 모양을 그림으로 표현하게 하는 가운데 알파벳이 만들어지는 모습을 보시게 됩니다. 다른 교사는 이와는 다른 방법으로 수업을 진행합니다. b반의 교사는 아이들에게 마음대로 춤을 추라고 시킬 것입니다. 아이들이 여러 형태를 몸으로 느끼게 하려는 것이죠. 그런 다음 체험한 것을 확인하도록 합니다. a, b, c 어느 학급에서도 같은 교수법으로 수업이 이루어지는 것을 볼 수는 없을 것입니다. 수업 목표는 여러 학급에서 같지만, 접근 방법은 학급마다 완전히 다릅니다. 각 학급을 지배하는 것은 자유롭고 창의적인 상상력입니다. 수업을 어떻게 해야 한다는 규정은 없습니다. 오로지 발도르프 학교의 정신만이 있을 뿐입니다. 이 점을 이해하는 것이 대단히 중요합니다. 교사는 자율적으로 일합니다. 발도르프 학교의 정신을 벗어나지 않는 범위에서 교사는 자신이 옳다고 생각하는 것을 마음대로 실행할 수 있습니다. 누군가 이렇게 말할지도 모르겠습니다. "교사가 하고 싶은 대로 하다가는 학교가 뒤죽박죽이 될 수도 있습니다." 하고 말입니다. 5학년 a반에 들어가 보면 거기서는 뭐랄까요, 좀 우스꽝스럽게 보이는 것을 배우고 있을 겁니다. 같은 시간에 b반에 들어가면 한쪽에서 체스를 합니다. 다시 말씀드리지만, 발도르프 학교에서는 같은 것을 일률적인 방법으로 가르치지 않습니다. 어느 교실에도 자유가 넘치고, 그러면서도 모든 교실에 발도르프 학교의 정신이 아이들의 연령에 맞는 형태로 살아 있습니다.

44   여러분이 교사 양성을 위한 전문과정에 참여하시면, 발도르프

학교의 교사는 아이들에게 최대한 자유를 주면서도 그 교실에 꼭 맞는 방법을 도입한다는 사실을 보게 됩니다. 그리고 특이하게도 그런 방향을 거부하는 교사는 한 명도 없습니다. 모든 교사가 동일한 교육 정신을 완전히 자발적으로 받아들입니다. 아무도 거부하지 않고, 아무도 그 정신에 무엇인가를 더하려고 하지 않습니다. 오히려 교사회의에서는 학급에서 할 일에 관해 더 많은 이야기를 나누고 싶어하는 경우가 많습니다.

45   수업 계획에 이의를 제기하는 교사가 없는 이유는 뭘까요? 발도르프 학교가 시작된 지도 여러 해가 되었습니다. 그런데도 무슨 까닭에 아무런 이의가 없는 걸까요? 모든 교사가 발도르프 학교의 정신을 합리적이라고 생각합니다. 그걸 비합리적으로 여기는 교사는 없습니다. 모두들 자발적으로 우리의 수업 방법을 합리적이라고 여기는데, 그 이유는 그것이 실제적이고 진정한 인간 이해와 연결되어 있기 때문입니다.

46   하지만 상상에서 수업 소재가 나와야 한다는 바로 그 점에서 우리는 학교를 움직이는 것이 자유이어야 함을 알 수 있습니다. 실제로도 자유가 학교를 움직입니다. 우리 학교의 모든 교사가 느끼는 것이 있습니다. 교사 스스로 생각해내고 자신의 상상 안에서 찾아낸 것을 중심으로 한다는 점, 제가 교실에 들어가거나 발도르프 교사들과 회의를 할 때 확인하는 것처럼 교실에 들어간 교사는 누구나 수업 계획이 이미 만들어져 주어져 있다는 사실을 잊어버린다는 점입니다. 교사는 수업이 시작되면 그런 수업 계획을 자기 자신이 만들어낸 것으로 여깁니다. 저도 교실에 들어갈 때 그런 느낌을 받습니다.

47　이 모든 것은 사람에 대한 진정한 이해를 바탕으로 할 때 생기는 현상입니다. 제 이야기가 너무 오만하다고 생각하실지도 모르겠습니다만, 오만해서 하는 말이 아니라 여러분에게 전하고 싶어서 설명한 것이고, 여러분도 그렇게 실천하실 수 있도록, 그리고 사람에 대한 참된 이해에서 나온 것이 어떻게 아이에게 들어가는지 확인하실 수 있도록 하려는 것입니다

————

48　모든 수업과 교육은 판타지를 지향해서 조직되어야 합니다. 교사는 만 9세나 10세 이전의 아이가 자신을 주변과 구분되는 "나"로 이해하지 못한다는 사실을 확실히 알아야 합니다. 그 나이가 되기 전에도 어느 정도는 본능적으로 자기를 "나"라는 형태로 가리키기는 합니다. 하지만 아이는 스스로를 주변의 세계와 하나가 되어 있는 것으로 느낍니다. 자신이 전체 세계와 연결되어 있다고 생각하는 것입니다. 이 문제를 두고 요즘은 그야말로 모험적인 개념이 유행하고 있습니다. 사람들이 원시부족을 가리켜 하는 말이 있습니다. 원시부족은 애니미즘을 바탕으로 세계를 이해한다고, 다시 말해서 생명이 없는 모든 사물에도 영혼이 깃들어 있다고 믿는다고 말입니다. 그리고 아이도 아이의 영역에서는 원시부족과 같은 식으로 생각한다고 말하면서 아이를 이해하는 척합니다. 뾰족한 물건에 부딪히면 아이는 그것에 생명이 있다고 여겨 그 물건을 때린다는 식으로 말합니다.

49　하지만 그건 전혀 진실이 아닙니다. 아이는 사물에 생명이 있

다고 여기는 것이 아니라 생명이 있는 것과 생명이 없는 것의 차이를 모를 따름입니다. 그 연령까지 아이는 모든 것을 통합된 하나로 봅니다. 그리고 자신과 주변 세계도 하나로 보죠. 만 9세에서 10세 사이가 되어야 아이는 비로소 자신과 주변을 구분할 수 있게 됩니다. 전체 수업의 지향점을 계획에 맞게 구성하려면 이 점을 철저하게 고려해야 합니다.

50   자신과 주변을 구분하지 못하는 시기의 아이에게 식물, 동물, 심지어 돌을 포함해서 아이의 주변 세계를 구성하는 모든 것을 이야기할 때는 그것들이 서로 이야기하고 서로 사람처럼 행동하고 서로 소통하고 미워하고 사랑한다고 말해 주어야 합니다. 그러려면 사람을 이루는 형태소들을 최대한 풍부한 상상력을 동원해서 활용할 수 있어야 합니다. 모든 사물을 정말 사람인 것처럼 다루어야 한다는 말입니다. 그렇다고 해서 모든 것에 영혼이 있다고 상상하는 게 아니고, 아직 생명이 있는 것과 생명이 없는 것을 구별하지 못하는 아이가 사물을 파악하듯 해야 합니다. 아이는 돌은 영혼이 없고 강아지는 영혼이 있다고 생각할 이유가 없습니다. 아이가 보기에는 개는 움직이는데 돌은 그렇지 않다는 구별이 있을 뿐입니다. 그리고 움직임은 영혼이 있고 없음을 결정하는 근거가 아닙니다. 결국 중요한 것은 실제로 우리가 영혼이 있는 모든 것, 생명이 있는 모든 것을 대할 때 그것들이 사람이 하듯 서로 말하고 생각하고 느끼고 서로 호감과 반감을 가진다고 여기는 것입니다. 그러므로 뭐든 이 연령대의 아이에게 가르치고 싶은 것이 있으면 그것을 동화, 전설, 생생한 이야기의 형태로 만들어내야 합니다. 그런 방법에 주목해야 하는 이유는 그런 형태로 만들어진 수업을 통해서 아이는 본능적인 내적

판타지가 충만하게 발달하는 최적의 영혼적 토대를 얻게 됩니다.

51 　　이 연령대의 아이에게 상으로 바꾸지 않고 이것저것 지적인 내용을 집어넣으면, 나중에 그것은 혈관체계에, 순환계에 남아 아이에게 영향을 미치게 됩니다. 늘 되풀이하는 얘기지만, 교사는 아이를 정신과 영혼과 몸으로 이루어진 하나의 통일체로 여겨야 합니다.

52 　　그러기 위해서는 교사의 영혼 안에 예술적 감각이 있어야 하고 예술적인 소질을 타고나야 합니다. 교사로부터 아이에게 전달되는 것은 누군가가 생각해내거나 개념화할 수 있는 것들이 아니라 - 이런 표현을 써도 된다면 - 완전히 가늠하기 어려운 생명의 부분, '불가량물不可量物'에 해당합니다.

53 　　우리가 의식하지 못하는 사이에 너무나 많은 것이 교육자와 교사로부터 아이에게 전달됩니다. 교사는 반드시 이 점을 알고 아이에게 속속들이 영혼이 스며들어 있는 동화와 역사, 전설을 이야기해야 합니다. 오늘날 우리가 사는 이 물질주의 시대에는 교사가 자신이 전하는 이야기를 유치하다고 여기는 것을 보는 경우가 너무나 많습니다. 교사 스스로가 그런 이야기를 믿지 않습니다. 바로 그런 지점에 인지학이 필요합니다. 인지학은 우리를 사람에 관한 참된 인식으로 이끌고 방향을 잡아주는 올바른 방법이 되어줍니다. 인지학을 통해서 우리는 어떤 것을 상상의 상으로 바꾸면 추상적인 개념을 사용할 때에 비해서 훨씬 더 다양한 표현이 가능해진다는 것을 알게 됩니다. 보통의 재능을 가진 아이

라면 모든 것을 상으로 표현하고 그림으로 받아들이려는 욕구가 있습니다.

54   이 부분에서는 늘 괴테의 예를 들게 됩니다. 소년 시절 괴테는 피아노를 배워야 했습니다. 괴테는 우선 첫 번째 손가락, 그런 다음 두 번째 손가락, 하는 식으로 차례로 손가락을 사용하는 법을 배웠습니다. 하지만 그 방식에 도무지 호감을 갖지 못했습니다. 어린 괴테가 보기에 그 피아노 선생님은 너무나 건조하고 융통성 없이 깐깐한 사람이었습니다. 그도 그럴 것이, 나이 많은 아버지는 프랑크푸르트 출신의 엄청나게 고루한 인물이어서 당연히 엄청나게 고루한 교사를 능력 있다고 여겨 선호했습니다. 그 교사는 어린 괴테에게는 너무 추상적이고 맞지 않았습니다. 그래서 그는 스스로 "검지"라는 추상적인 말 대신 "가리키는 꼬마"(Deuterling, 집게손가락)라는 말을 만들었습니다. 아이가 원하는 것은 그림이며, 자기 자신까지도 그림으로 느끼려 합니다. 그렇기 때문에 교사는 판타지가 필요하며 예술적이어야 한다는 사실을 반드시 기억해야 합니다. 그래야 아이가 필요로 하는 생동감을 가지고 아이에게 다가갈 수 있게 됩니다. 그런 생동감은 아이에게 가늠할 수 없이 엄청나게 작용합니다.

55   정말 그렇습니다. 우리는 인지학을 통해 다시 전설과 동화와 신화를 스스로 믿게 됩니다. 그런 것들이 이미지를 통해 고차의 정신세계의 진실을 표현하고 있기 때문입니다. 그래서 신화와 전설과 동화의 내용을 다시금 영혼적으로 대하게 됩니다. 이렇게 아이를 대상으로 하

는 우리의 이야기는 사물에 대한 우리의 믿음을 바탕으로 할 때 아이에게 스며듭니다. 이것은 교육자와 아이 사이에 진실이 되어 전달됩니다. 이에 반해 거짓이 교육자와 아이 사이를 지배하는 일도 많습니다. 교사가 다음과 같이 말하는 순간, 교육자와 아이의 관계는 거짓이 서려 있습니다. "아이는 어리석고 나는 똑똑하다. 아이는 동화를 믿으니까 나는 아이에게 동화를 이야기한다. 그렇게 하는 것이 아이에게 딱 맞으니까." 그런 생각을 하는 순간 교사의 동화 이야기에는 지성이 개입합니다.

56   이갈이와 사춘기 사이의 아이는 교사가 지성으로 말하는지 판타지로 말하는지 즉시 알아채는 아주 민감한 감성을 가지고 있습니다. 지성은 아이의 생명을 황폐화시키고 위축시키지만, 판타지는 아이에게 활기를 주며 자극합니다.

57   우리는 이런 일반적인 사실을 반드시 숙지하고 있어야 합니다. 이제 앞으로 며칠 동안 그런 것들에 대해 좀 더 상세히 논의하게 될 것입니다. 다만 오늘 이야기를 마치기 전에 한 가지는 말씀드려야 하겠습니다.

58   만 9세에서 10세 사이에는 아이에게 대단히 의미심장한 일이 생깁니다. 그 점을 교사는 알아차려야 합니다. 좀 추상적으로 말하면, 만 9세와 10세 사이에 아이는 주변과 자신을 구별하는 법을 배웁니다. 스스로를 "나"로, 그리고 주변을 나에게 속하지 않는 "외부세계"로 받아들이는 것입니다. 그 시기에 일어나는 일을 추상적으로 말하면 그렇다는

것입니다. 실제적으로는, 물론 이 경우에도 대략적인 표현이지만, 이 연령대의 아이는 좋아하는 선생님에게 다가가기를 어려워합니다. 심지어 이 나이의 아이들 대부분은 무엇이 자기 영혼을 괴롭히는지를 밖으로 드러내지 않고 그 대신 엉뚱한 이야기를 합니다. 그럴 때 교사는 그런 엉뚱한 이야기가 아이 영혼의 가장 깊은 곳에서 나오는 소리임을 알아차려야 합니다. 그래서 올바른 대답을 제시하고 올바른 태도를 보여야 합니다. 교사의 대답과 태도는 그 아이의 일생에 엄청난 영향을 끼치게 됩니다. 교사가 확실히 보이는 권위가 없으면, 다시 말해서 교사가 옳다고 여기므로 어떤 것이 옳고 교사가 아름답다고 표현하므로 아름답고 교사가 좋다고 여기므로 그것이 좋다는 느낌을 아이가 갖지 못하면, 교사는 그 나이의 아이를 교육하고 가르칠 수 없기 때문입니다. 교사인 여러분은 아이를 위해 좋은 것, 참된 것, 아름다운 것을 대변하는 사람이어야 합니다. 아이는 여러분에게 다가가는 존재이므로, 아이가 진, 선, 미에 다가가게 해주어야 합니다.

---

59   바로 만 9세에서 10세 사이의 아이는 그 잠재의식 안에서 아주 본능적으로 다음과 같은 느낌을 품게 됩니다. "나는 모든 것을 교사와 교육자로부터 배웠다. 그런데 그분들은 그 모든 것을 어디에서 배웠을까? 그분들의 배경에는 무엇이 있을까?" 이것은 상세히 설명할 필요가 없습니다. 궁금해 하는 것들을 규정하고 설명한다면 오히려 해가 됩니다. 다만 그런 것을 고민하는 아이를 위해서 진심에서 우러나는, 영혼적인 배려가 가득한 말을 찾아내는 것이 중요합니다. 그런 어려움은 보통

몇 주 또는 몇 달씩이나 계속되므로, 교사는 그 어려운 시기가 지나도록 아이한테 권위를 유지해야 합니다. 그 시기에 아이는 권위 있는 원칙과 관련된 위기를 겪기 때문입니다. 그런 권위 있는 원칙을 유지할 수 있는 교사는 그 시기에 겪는 아이의 어려움에 충분히 영혼적으로 대처하고, 내면성과 신뢰감과 진정성으로 아이에게 다가가게 됩니다. 교사가 그런 권위를 유지하는 것이 중요한 이유는 아이가 교사의 그 권위를 신뢰하기 때문만이 아니라(물론 이렇게만 되어도 차후의 수업에 유익하지만) 그런 권위가 사람의 본성에 속하기 때문입니다. 그리고 바로 이 만 9세에서 10세 사이의 연령대에 속하는 아이는 좋은 사람에 대해 확고한 믿음을 가져야 하기 때문입니다. 그렇지 않으면 아이의 삶을 계속 인도할 모든 내적 안정감이 흔들리게 됩니다.

60   이것은 대단히 중요하므로 우리는 이 원칙을 충실히 따라야 합니다. 교육학이 말하는 미묘하고 소소한 세부사항들보다 훨씬 더 중요한 사실은 삶의 어느 시점에 어떤 문제가 등장하는지, 또 그런 문제에 대해 어떻게 대응하는지를 아는 것입니다. 그래야 우리의 올바른 처신이 그 아이의 전 생애에 빛을 발하게 될 것입니다.

세 번째 강연

1924년 8월 14일

01   오늘 우리는 이갈이와 사춘기 사이의 성장기에 이루어지는 교육예술의 보편적인 특성 몇 가지를 확인하려 합니다. 그래야 다음 시간에 각각의 대상과 각각의 성장 상태에 관한 논의에서 구체적인 내용을 다룰 수 있을 것입니다.

02   아이가 만 9세나 10세 정도가 되면 이제 자기 자신과 주위를 구별할 수 있습니다. 주체와 객체, 즉 자기 자신이라는 주체, 그리고 자기 자신이 아닌 다른 것들이라는 객체 사이의 차이점은 이 시기가 되어야 비로소 아이에게 현실이 되며, 이때부터 우리는 그 전에 아이 몸의 일부분인 것처럼 다루었던 외부의 사물을 외부의 사물이라고 아이에게 말해줄 수 있습니다. 어제 저는 우리가 외부 사물을 다룰 때 그것이 말하고 행동하는 사람인 것처럼 해야 한다고 말씀드렸습니다. 그래야만 아이는 외부세계란 것이 자기 존재의 연장이라고 느끼게 되니 말입니다.

03   아이가 만 9세와 10세가 지나면, 그 아이를 외부세계의 기초적인 사실들, 즉 외부세계의 존재인 식물계와 동물계를 이루는 사실들로 이끄는 일이 중요해집니다. 물론 다른 존재들에 대한 이야기도 계속 해주어야 합니다. 하지만 그럴 때 우리는 아이를 사람의 천성이 요구하는 대로 이끌어주어야 한다는 사실을 알아야 합니다.

04   이를 위해서 우리가 무엇보다 먼저 해야 하는 일은 모든 교과서를 버리는 것입니다. 오늘날 교과서의 구성을 보면 거기에는 아이들에게 가르칠 식물계와 동물계에 관한 내용이 들어 있지 않기 때문입니다. 기존의 교과서들은 성인에게 식물과 동물에 관한 지식을 전달하기에는 좋습니다. 하지만 그런 책을 학교에서 사용하면 아이의 개별성을 망가뜨리게 됩니다. 그리고 오늘날 학교에서 어떻게 가르쳐야 할지를 알려주는 교과서나 안내서는 없다고 해도 좋습니다. 문제는 다음과 같습니다.

05   우리가 아이 앞에 한 가지 식물을 놓아 두고 이것저것 해보라고 하면 우선은 뭔가 가르친 것 같겠지만, 그것은 현실과는 아무런 상관이 없습니다. 여러분이 자신의 머리카락 하나를 뽑아 들고 그것 자체가 마치 중요한 대상이라도 되는 듯 관찰해도, 그 머리카락은 현실을 담고 있지 않습니다. 사람들은 일상생활에서 어떤 형태로든 제한된 시각으로 모든 것을 보면서, 그 대상들이 현실 안에 실재한다고 말합니다. 하지만 자기 앞에 놓인 돌멩이를 보는 것과 자기 앞에 놓인 머리카락이나 장미 한 송이를 보는 것은 서로 다릅니다. 돌멩이는 십 년이 지나도 지금과 똑같은 돌멩이로 남아 있을 테지만, 장미는 이틀만 지나면 이미 지금과 같은 상태는 아닐 것입니다. 장미는 살아 있는 장미 줄기에 달려 있을 때만 현실입니다. 머리카락은 그 자체로는 현실이 아니며, 머리에 붙어 있을 때만, 사람의 몸에 붙어 있을 때만 현실입니다. 들판에 나가서 풀을 뜯는다면, 그것은 사람의 몸에서 머리카락을 떼어내는 것이나 마찬가지입니다. 머리카락이 사람의 기관에 속하는 것과 마찬가지로 풀은

땅에 속하기 때문입니다. 따라서 머리카락 하나를 보면서 그것이 어딘 가에서 저절로 생겼다고 여기는 것은 말이 안 되는 생각입니다.

06   녹색의 식물채집상자를 가지고 나가서 식물을 채집한 뒤 집안 에서 그 하나하나를 관찰하는 것도 의미가 없는 일입니다. 그것은 현실 에 맞는 행동이 아닙니다. 그런 방법으로는 자연과 사람을 제대로 이해 할 수 없습니다.

07   여기에 식물 하나가 있다면(그림 I 참조), 그것 하나만으로는 식물이 되지 못합니다. 그 식물을 품고 있는 땅, 대단히 넓은 그 땅도 식 물의 일부분입니다. 아주 멀리까지 실뿌리를 내리는 식물들도 있으니까 요. 식물은 그것이 뿌리내린 환경 에 속한다는 것이 여러분이 가르 칠 수 있는 사실입니다. 식물이 제 대로 자라도록 거름을 주어야 한 다는 사실도 그렇습니다. 식물이 있는 곳에는 그 식물만 아니라 함 께 살아가는 것이 있습니다.(그림 I 참조) 식물에 속해 함께 살아가 는 땅이 있는 것입니다.

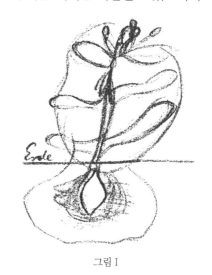

그림 I

08   어떤 식물은 봄에 꽃을 피우고 5월이나 6월경에 움이 트고 가 을에 열매를 맺습니다. 그런 뒤에는 시들어 죽습니다. 그 식물은 대지에

뿌리를 내리고 있고, 또 대지도 그 식물에 속합니다. 그런데 주변의 땅에서 기운을 빨아 올리는 식물도 있습니다. 이것을 땅이라고 봅시다.(그림 II 참조) 이 경우 뿌리가 주변의 힘들을 빨아들입니다. 뿌리는 땅의 기운을 취해서 위로 끌어올리고, 그 힘으로 나무가 됩니다.

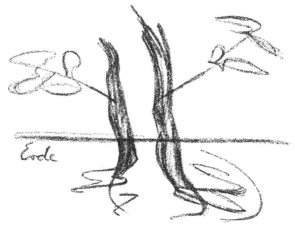

그림 II

09   그러면 나무란 대체 무엇일까요? 나무는 여러 가지 식물의 집합체입니다. 사람은 별로 살지 않지만 식물이 많이 자라는 언덕이나 한 그루 나무 줄기를 생각해 보십시오. 그런 것들에는 땅이 훨씬 생기 넘치는 상태로 개입해 있습니다. 풀 한 포기를 그것 하나에 국한시켜 관찰하는 것은 전혀 가능하지 않습니다.

10   차를 타거나 걸어서 붉은 모래로 덮인 지질학적으로 특별한 곳을 지나가며 식물을 보면 그렇습니다. 그런 곳에서 자라는 식물은 대체로 황적색 꽃을 피웁니다. 그곳 식물이 그 토양에 속한다는 증거입니다.

토양과 식물은 사람의 두피와 머리카락처럼 일체를 이룹니다.

11   그러니 여러분은 아이들을 데리고 지리와 지질을 배제한 채 식물을 관찰해서는 안 됩니다. 그런 관찰은 아무런 의미가 없습니다. 어느 지역을 설명하는 지리와 식물을 관찰하는 일은 언제나 하나로 묶여야 합니다. 흙이란 하나의 유기체이기 때문입니다. 그러므로 식물들은 머리카락처럼 일종의 유기체 안에서 자라는 셈입니다. 아이들은 흙과 식물이 하나라고, 흙에 따라 그것 안에서 자라는 식물이 따로 있다고 생각할 수 있어야 합니다.

12   여러분은 식물학이 언제나 흙과 연관되어 있다고 생각해야 하며, 우리 머리에 난 머리카락처럼 흙을 살아 있는 실체로 받아들이도록 아이의 감각을 또렷하게 일깨워야 합니다. 머리카락은 식물과 같습니다. 아시다시피 지구는 끌어당기는 힘, 즉 중력이 있다고 합니다. 그 힘은 흙에도 있습니다. 식물은 생장력을 가졌다는 점에서 흙에 속해 있습니다. 식물이 따로 있고 흙이 따로 있는 것이 아니라는 사실은 사람과 머리카락이 따로따로 있는 것이 아님과 마찬가지입니다. 그 둘은 일체를 이루고 있으니까요.

13   식물채집상자에서 뭔가를 꺼내 놓고 아이에게 이름을 지어보라고 한다면, 여러분은 아이에게 현실적인 실재가 아닌 것을 가르치는 셈이 됩니다. 그런 교육은 아이의 삶에 영향을 미칩니다. 그 아이는 여러분에게서 배운 식물학에서 결코 빠져 나오지 못할 것이고, 그 바람에

밭에서 무엇을 할지, 거름을 사용해서 그 밭을 어떻게 살아 있게 만들 수 있을지 배우지 못하게 되기 때문입니다. 식물과 흙이 하나라는 사실을 알지 못하면 밭을 어떻게 다루어야 할지 이해할 수 없습니다. 오늘날 사람들은 현실이 무엇인지를 이해하는 능력을 점점 잃어버리고 있으니 말입니다. 첫 번째 강연에서 저는 여러분에게 이야기했습니다. 오늘날 현장에서 일하는 사람들은 대부분 이론에만 밝은 사람들이라고 말입니다. 그들은 현실의 흔적조차 따라가지 못합니다. 그런 사람들은 모든 것을 따로따로, 서로 완전히 분리된 것으로 바라봅니다.

14   그래서 결국 5, 60년 전부터는 밭에서 생산되는 모든 작물이 형편없는 상태가 되고 말았습니다. 얼마 전 중부 유럽에서 농업회의가 열렸는데요, 그 회의에서 농부들이 그 사실을 인정했습니다. 요즘의 과일은 품질이 너무나 낮아서, 앞으로 50년이 지난 뒤에도 사람들이 과일을 먹을 수 있으리라고는 기대하기 어렵다고 말입니다.

15   왜 이렇게 되었을까요? 거름을 이용해서 토양을 살리는 법을 몰라서 그렇습니다. 그도 그럴 것이, 사람들은 식물이 독자적으로 존재하는 것이라고 배웠습니다. 머리카락이 우리 몸과는 상관없이 생기지 않는다는 사실만큼이나 식물도 독자적으로 있는 사물이 아닙니다. 머리카락이 독자적으로 있는 것, 독립된 무엇이라고 칩시다. 그러면 우리는 머리카락 아래쪽에 밀랍이나 기름을 발라 잘 자라게 할 수 있을 겁니다. 하지만 머리카락은 그런 것과 상관없이 두피에 뿌리를 내리고 자랍니다.

16   어느 흙이 어느 식물과 연결되는지 제대로 파악하려면 어떤 식물이 어떤 토양에 속하는지 알고 있어야 합니다. 그리고 그 흙에 어느 정도로 거름을 주어야 하는지를 알 수 있으려면, 우리는 흙과 식물 세계를 하나의 통일체로, 즉 실제로 흙이 하나의 유기체이며 식물이 그 유기체 안에서 성장하는 것으로 바라보아야 합니다.

17   그렇게 되면 처음부터 아이는 살아 있는 땅에 발을 딛고 서 있다는 느낌을 갖게 됩니다. 그 느낌은 아이의 삶에 큰 의미가 있습니다. 오늘날 사람들이 지층이 어떻게 생기는 것이라고 여기는지 생각해 봅시다. 사람들은 지층을 흙이 층층이 쌓여서 생긴 것으로 여깁니다. 하지만 여러분이 지층이라고 보는 것은 사실은 굳어진 식물들, 살아 있는 것들이 딱딱해진 것일 뿐입니다. 석탄이란 이전에는 식물들이었는데, 단단한 땅보다는 물에 뿌리를 내린 식물이 굳어져 생긴 것입니다. 석탄만이 아니라 화강암이나 편마암 등도 본질적으로는 식물이나 동물에서 만들어진 것입니다.

18   우리가 대지와 식물을 전체로 볼 때만 그런 이해가 가능해집니다. 이런 것들에 관해서는 아이들이 단지 지식을 배우는 것이 아니라 제대로 된 감각을 갖게 되는 것이 중요합니다. 우리가 정신과학을 바탕으로 대상을 볼 때 비로소 이런 사실들이 보입니다.

19   한번 생각해 봅시다. 여러분은 최선의 의지를 가지고 스스로에게 이렇게 말합니다. "아이는 모든 것을 생생하게 배워야 하니까 식물

도 생동감 있게 공부해야 해. 난 일찌감치부터 아이에게 그럴싸한 채집 상자에 식물을 모으라고 시키지. 식물은 실재이므로 아이에게 모든 식물을 보여줄 거야. 실물수업이란 이렇게 실재를 보여주는 거야." 실재가 아닌 것을 들여다보면서 말입니다. 현재 이루어지고 있는 이런 실물수업이야말로 가장 어리석은 짓거리입니다!

20   그런 수업에서 아동은 머리카락이 밀랍에서 자라든 사람의 두피에서 자라든 상관없다는 식으로 식물을 배웁니다. 밀랍에서 자라는 머리카락이란 없는데도 말입니다. 그런 개념은 아이가 지상으로 내려오기 전에 정신세계에서부터 알고 있던 것과는 완전히 모순됩니다. 정신세계에서 본 지구란 완전히 다른 모습이었기 때문입니다. 그 당시 아이의 영혼은 무기질인 지구와 거기서 자라는 식물계가 일체를 이루고 있다는 사실을 생생하게 보았습니다. 왜일까요? 아이는 아직 무기질은 아니지만 무기질화하는 과정에 있는 에테르체를 받아들여야 몸의 형상을 띠기 때문입니다. 아이는 식물계 안으로 들어가 자라나야 하며, 식물계는 대지와 연결되어 있습니다.

21   지상 이전의 세계에서 지상의 세계로 하강할 때 아이가 체험하는 이 일련의 느낌, 이 다양한 세계가 아이를 당황스럽게 하고 혼란에 빠뜨리는 이유는 바로 흔히들 해온 방식으로 아이에게 식물학을 가르치기 때문입니다. 그와는 달리 식물계와 흙이 어떻게 연결되어 있는지를 배우면 아이는 속으로 환호성을 지르게 됩니다.

22   아이를 동물의 세계로 안내할 때도 이와 유사한 방식으로 관찰하도록 해야 합니다. 동물에 관해서라면 흔하디 흔한 생각이 떠오릅니다. 동물은 흙과 아무런 관계가 없다는 생각 말입니다. 동물은 땅에 붙어 있지 않고 그 위에서 움직이며 이곳저곳으로 장소를 옮기니까요. 그러니 동물과 땅의 관계는 식물을 생각할 때와는 완전히 다르게 다가옵니다. 하지만 동물들에 관해서는 이와는 또 다른 점이 눈에 들어올 것입니다.

23   지구상에 사는 다양한 동물을 그 영혼적인 특성을 기준으로 관찰해 보면, 거기에는 잔인한 포식자도 있고 순한 양도 있는 반면에 맹수도 있습니다. 예를 들어 조류 가운데 어떤 종류는 용감한 투사입니다. 포유류에도 그런 맹수가 있죠. 그뿐 아니라 사자처럼 위엄이 넘치는 지배자도 있습니다. 동물계에는 그렇게 엄청나게 다양한 영혼적인 속성이 있습니다. 그리고 동물 한 종류, 한 종류를 말할 때 우리는 그 특성을 언급합니다. 우리가 호랑이를 두고 잔인한 동물이라고 하는 것은 잔인함을 그 동물에서 가장 눈에 띄는 특성으로 여기기 때문입니다. 우리는 양이 참을성이 많다고 말합니다. 참을성은 양에게서 가장 눈에 띄는 속성입니다. 당나귀를 가리켜 굼뜨다고 말하죠. 당나귀는 사실 그렇게 굼뜬 동물이 아니지만, 굼뜨게 보이는 몸짓을 할 때가 있어서 그렇게 불립니다. 당나귀는 자신의 움직임을 바꾸는 일에 굼뜬 게 사실입니다. 느릿느릿 움직이고 싶은 당나귀를 빨리 가도록 하는 건 불가능합니다. 이렇게 동물은 저마다 다른 특성이 있습니다.

24   하지만 사람에 대해서는 그렇게 생각할 수 없습니다. 누구는 온순하고 참을성 있고, 누구는 잔인하고, 또 다른 누구는 용감하다는 식으로 생각할 수 없다는 말입니다. 지상에 흩어져 사는 사람들의 특성이 그렇게 나뉜다면 우리는 그런 상태가 불공평하다고 여길 것입니다. 물론 사람들도 자라면서 어떤 의미로는 불공평한 특성을 얻게 됩니다만, 동물과 같은 정도로 불공평한 특성은 아닙니다. 그보다 우리가 사람에게서, 특히 교육의 대상인 사람에게서 알게 되는 것은 예를 들어 참을성에 반하는 것들과 삶의 내용, 용기에 반하는 것들과 현실, 그리고 심지어는 잔인함에 반하는 것들과 삶의 상황을 가르쳐야 한다는 사실입니다. 물론 어느 경우에나 거의 동종요법처럼 미세량 정도로 가르쳐야 하지만 말입니다. 어떤 일에 대해 사람은 자연스런 발달과정에서 얻은 잔인함을 보이기도 합니다.

25   그런데 사람과 동물이 가진 영혼의 특성들을 서로 비교하면 어떤 결과가 나올까요? 그러면 한 사람에게는 적어도 여러 동물의 속성이 모두 들어 있다는 사실을 알게 됩니다. 그 모든 특성이 각자에게 조금씩이라도 들어 있다는 말입니다. 사람은 사자만큼은 아니지만 어느 정도 위엄이 있기도 합니다. 호랑이처럼 잔인하지는 않지만 얼마만큼 잔인합니다. 양처럼 진드근하지는 않지만 어느 정도 참을성은 있습니다. 모든 사람이 당나귀처럼 굼뜨지는 않지만, 누구나 어느 정도는 게으른 면이 있습니다. 누구도 예외 없이 그렇습니다. 이런 사실을 제대로 들여다보면, 한 사람 한 사람에게는 사자의 본성, 양의 본성, 호랑이의 본성, 당나귀의 본성이 모두 들어 있다고 말할 수 있습니다. 그 모든 것이 그저 알

맞은 균형을 이루고, 각각의 본성이 다른 본성들과 부딪히는 가운데 부드러워진 상태로 있는 겁니다. 그래서 사람은 조화로운 통합, 좀 더 전문적으로 말하면 동물이 가진 모든 영혼적인 속성의 융합이라고 할 수 있습니다. 그 통합된 실체 안에 일정량의 사자, 양, 호랑이, 당나귀 등의 특성이 들어가서, 그 모든 속성이 서로 알맞은 비율로 섞여 적당한 관계를 유지할 때, 비로소 올바른 교육의 목표를 달성할 수 있습니다.

26   이를 잘 표현해 놓은 고대 그리스의 격언이 하나 있습니다. "용기는 지혜가 있을 때는 축복이지만, 그렇지 않으면 사람을 멸망으로 이끌 뿐이다." 누군가 만일 끊임없이 싸움을 거는 어떤 조류처럼 용감하기만 하다면, 그런 사람은 자기 인생에서 자신에게 유익한 일을 별로 하지 못할 것입니다. 오로지 영리하기만 한 동물의 그 영리함에 용기를 함께 갖추는 것이야말로 사람에게 가장 유익한 일일 것입니다.

27   사람에게 중요한 것은 일반적으로 동물들이 갖춘 특성들을 두루 조화롭게 가지는 것, 즉 그런 특성들의 종합적인 통일체가 되는 일입니다. 그런 특성들의 관계를 달리 말하면 이렇습니다. 여기 이렇게 어느 한 가지 동물이 있고 - 도식화해서 그려 보겠습니다 - 다른 종류의 동물, 또 다른 종류 등등 지구상에 있을 수 있는 모든 동물이 있다고 합시다.

28   이 각 동물의 모습은 사람과 어떤 관계가 있을까요?

29   제가 그리는 그림에서 보듯 사람에게는 어느 한 가지 동물의 특성이 있는데, 여기서 그 특성은 완전한 상태가 아니라 약화된 상태입니다.(그림 참조) 그리고 여기에 또 다른 특성이 더해지는데, 이번에도 역시 그 특성의 전부가 아니라 일부만 더해집니다. 그런 식으로 다음, 또 그 다음 동물의 특성이 더해져서(그림의 마지막 부분 참조), 모든 동물의 특성이 한 사람 안에 모입니다. 결국 동물계란 사람이 확장된 것이고 사람은 동물계의 축소판인 셈입니다. 모든 동물은 사람을 통해 하나로 통합되므로, 한 사람을 분석하면 동물계 전체를 알게 됩니다.

30   이것은 형상에도 적용됩니다. 그림과 같이 사람의 얼굴을 가지고 생각해 봅시다. 이 부분을 잘라내어(그림 참조) 그것을 좀 더 혹은 상당히 많이 앞쪽에 놓으면, 그것은 얼굴 전체와 어울리지 않게 됩니다. 거기다가 이마가 좀 더 뒤쪽으로 물러나면 개의 두상이 되고 맙니다. 같은 얼굴을 다른 식으로 구성하면 사자의 두상이나 또다른 동물의 얼굴이 됩니다.

31   사람의 다른 부위에서도 같은 현상이 발견됩니다. 동물들에서는 강조된 형태로 등장하는 여러 부위가 좀 더 부드럽게 되고 서로 균형을 이루는 가운데 모여서 사람의 외형이 만들어졌다는 사실을 알게 됩니다.

32   물장구를 치는 오리를 생각해 봅시다. 오리가 물장구를 칠 때

사용하는 물갈퀴는 여러분의 손가락 사이에도 있습니다. 다만 퇴화한 상태이지만 말입니다. 이렇게 동물계에서 발견되는 모든 것이 사람의 형상에도 있습니다. 바로 이 점에서 사람과 동물의 관계가 드러납니다. 모든 동물을 합치면 사람의 모습이 됩니다. 지구상에서 그 비중이 다른 1,800만 종의 동물 하나하나에 사람의 모습이 들어 있다는 말입니다. 동시에 사람은 동물계 전체가 응집된 거인이기도 합니다. 모든 동물이 단순히 통합된 것이 아니라 그 하나하나의 특성이 그대로 남아 있는 거인입니다.

33   이렇게 말할 수도 있겠습니다. 여러분의 몸이 탄력이 있어서 모든 방향을 향해 서로 다른 길이로 몸을 늘일 수 있다고 가정해 봅시다. 이때 여러분이 특정한 방향으로 몸을 늘이면 거기에 특정한 동물의 모습이 나타날 것입니다. 여러분의 눈 부위가 부풀어 오르면 거기에는 또 다른 동물이 나타날 것입니다. 이렇게 한 사람 안에는 동물계 전체가 들어 있습니다.

34   옛날에는 동물계의 역사를 그런 방식으로 가르쳤습니다. 하지만 그런 건강하고 좋은 지식은 사라지고 말았는데, 그 사라진 시기는 사실 그렇게 오래 전이 아닙니다. 예를 들어 18세기까지만 해도 사람들은 코 안에 있는 후각신경이 상당히 커지면서 뒤쪽으로 확장되면 개의 모습이 된다는 사실을 잘 알고 있었습니다. 그 후각신경이 아주 작게 퇴화하고 그 자리가 다른 것으로 변형되면서 인간의 지적 생활을 가능하게 하는 신경이 발생했습니다.

35   개가 냄새를 맡는 모습을 잘 살펴보면 개의 후각신경이 코 뒤쪽으로 확장되어 있음을 알게 됩니다. 개는 사물의 특성을 냄새로 구분합니다. 사물의 모습을 떠올리는 대신 모든 것을 냄새로 확인하는 것입니다. 개는 모든 사물에 대해 의지와 관념을 얻는 것이 아니라 의지와 냄새를 얻습니다. 얼마나 대단한 후각인가요! 세상은 사람 못지않게 개에게도 흥미진진한 장소입니다. 사람은 이 세상의 모든 것을 생각할 수 있습니다. 개는 모든 것을 냄새로 구분할 수 있습니다. 아시다시피 사람은 마음에 드는 냄새와 싫어하는 냄새 몇 가지만 알고 있지만, 개는 대단히 많은 냄새를 구별합니다. 그런 후각 능력을 바탕으로 특별하게 쓰이는 개가 있다는 것도 아실 것입니다. 요즘의 경찰견이 그렇습니다. 도둑이 들었던 장소에 경찰견을 데려가면, 경찰견은 즉시 그 흔적을 따라가 도둑을 찾아냅니다. 엄청나게 많은 종류의 냄새를 구분할 수 있어서 세상을 온통 냄새로 가득한 장소로 받아들이는 개의 능력 덕분에 가능한 일입니다. 그런 능력을 담당하는 기관은 머리의 뒤쪽으로 확장되어 두개골 안으로 이어지는 후각신경입니다.

36   개의 코 안에 있는 후각신경을 그림으로 표시하면 그것은 코에서 뒤쪽으로 이어집니다.(그림 참조) 사람의 후각신경은 코의 아래쪽 작은 부분에만 남아 있고, 다른 부분은 변형되어 이마 안쪽으로 물러나 있습니다. 그곳이 바로 후각신경이 변형된 부분입니다. 그래서 우리는 개처럼 냄새를 잘 맡지 못하는 대신 머리 속으로 상을 그려내는 능력이 있습니다. 말하자면 우리 안에는 냄새를 맡는 개도 들어 있지만, 그 형태가 달라져 있습니다. 우리 안에는 모든 동물의 특성이 그런 식으로 변형

된 채 들어 있습니다.

37   그 가운데 표상, 즉 모습을 떠올려 생각하는 능력을 예로 들어 봅시다. 독일 철학자 쇼펜하우어는 《의지와 표상으로서의 세계》라는 책을 썼습니다. 이 책은 오로지 사람만을 위한 책이죠. 만일 어느 천재 견이 이 책을 쓴다면, 그 제목은 《의지와 냄새로서의 세계》가 될 것입니다. 그리고 그 책은 쇼펜하우어가 쓴 책보다 훨씬 흥미진진할 것이라고 저는 확신합니다.

38   동물의 다양한 형태를 보면서 그 동물 하나하나를 서로 다른 것으로 묘사하지 않고도 아이들에게 이렇게 상을 떠올리도록 할 수 있을 것입니다. "자, 여러분, 사람의 모습을 잘 보세요. 사람의 모습을 방향을 바꾸고 단순화해서 합치면 동물이 보입니다. 거북이처럼 좀 원시적인 동물에 뭔가 다른 동물을 붙이면, 예를 들어 거북이의 상체에 캥거루의 하체를 붙이면, 머리는 딱딱한 거북이에 하체는 캥거루인 동물이 만들어져요. 그 동물의 각 부위는 어떻게 보면 사람의 각 부위와 닮았답니다."

39   세상에 있는 동물들을 그렇게 합쳐 보면 사람과 여러 동물의 관계를 알게 됩니다.

40   지금 여러분이 이 이야기를 듣고 웃는 건 좋은 일입니다. 유머처럼 좋은 수업 방법은 없으니 말입니다. 아이들이 교사의 찌푸린 얼굴을 보면서 같이 얼굴을 찌푸려야 한다고 생각하게 만들지 않고 유머를

동원해서 아이들을 웃게 하는 것이 가장 좋은 수업 방법입니다. 심각한, 아주 심각한 교사는 아이들에게 아무것도 가르칠 수 없습니다.

41   어쨌든 여러분은 제가 보여드린 것처럼 동물계와 관련된 원칙을 아시게 되었습니다. 시간이 나면 좀 더 구체적인 이야기를 하겠습니다. 여러분은 아이들에게 동물의 세계를 가르칠 때 그것을 사람의 확장판으로 여기면 된다는 사실을 알게 되었습니다.

42   또한 그런 수업 내용은 아이들에게 정교하고 아름다운 느낌을 전해줍니다. 제가 설명드린 것처럼 아이들이 식물계가 대지와 하나가 되어 있고 동물들이 서로 연결되어 있다고 배우기 때문입니다. 아이는 지구상의 모든 것과 하나가 되어 자랍니다. 아이는 아무 생명도 없는 대지가 아니라 살아 있는 대지에 발을 딛고 서게 되며, 대지를 하나의 생명체로 받아들이게 됩니다. 그러다 보면 아이는 자신이 거대한 유기체 위에 서 있는 듯한 느낌, 예를 들어 고래 위에 서 있는 듯한 느낌을 받게 됩니다. 그런 느낌을 받는 것은 좋은 일입니다. 그 느낌만으로도 아이는 온전히 인간적으로 세상을 느끼는 감각을 얻습니다.

43   그리고 동물에 관해서도 아이는 모든 동물이 사람과 연결되어 있다는 느낌을 갖게 되고, 또 모든 동물의 요소가 한 사람 안에 모여 있다는 사실로부터 사람이야말로 어떤 동물보다 우월한 존재라고 생각하게 됩니다. 사람이 동물에서 진화한 것이라는 자연과학의 그 모든 헛소리는 이렇게 교육받은 사람에게는 통하지 않습니다. 사람 안에는 전체

동물의 부위 하나하나가 모두 종합되어 있으니 말입니다.

44   이미 말씀드린 것처럼, 만 9세나 10세가 되면 사람은 자기를 주체로, 그리고 주변 환경을 객체로 구분하게 됩니다. 자기 자신을 주변 세계에서 분리하는 겁니다. 그 시기 전의 아이에게는 돌이나 식물이 사람처럼 말하고 움직이는 동화나 전설만 얘기해줄 수 있습니다. 아이가 자신을 주변과 구분하지 못하기 때문입니다. 아이가 자신과 주변을 구분하게 되면, 이제 우리는 그런 아이를 좀 더 높은 차원으로 안내해야 합니다. 이때부터는 아이가 발을 딛고 선 땅과 식물이 너무도 당연히 하나로 연결되어 있다고 가르쳐야 합니다. 그렇게 하면 아이가 농업에 대해서도 현실적인 감각을 가지게 된다고 이미 말씀드렸습니다. 아이는 식물이 자라는 대지를 어떤 식으로든 살아 있게 만들기 위해 거름을 준다는 사실도 이해하게 됩니다. 아이는 식물채집상자에서 꺼낸 풀 하나하나를 관찰하지 않습니다. 또 동물도 하나하나 개별체로 보지 않고, 사람을 이루는 수많은 특성이 땅 위에 널리 펴져 있는 동물계를 봅니다. 그러면 아이는 사람이 대지 위에 어떻게 서 있으며 동물과는 어떤 관계에 있는지 알게 됩니다.

45   만 10세부터 12세 사이의 아이에게 식물과 흙, 동물과 사람의 연관관계에 대한 이런 생각을 일깨워주는 것은 대단히 중요합니다. 그렇게 하면 아이는 자신의 영혼, 신체, 정신의 활동과 함께 특정한 방법으로 이 세상 안으로 온전히 들어옵니다.

46   우리가 아이에게 식물과 토양이 하나로 이어져 있다는 감각을 가르치면 – 물론 그 모든 것은 사람의 감각에 알맞은 방법, 즉 예술을 통해서 아이에게 전달해야 하는데 – 아이는 아주 총명하고 사려 깊게 됩니다. 아이가 자연의 원리에 따라 생각하게 되기 때문입니다. 사람과 동물의 관계가 어떤지를 수업 등을 통해서 아이에게 가르쳐 보면, 모든 동물이 가진 각기 다른 의지가 한 사람 안에서 되살아나는 것을 보게 될 것입니다. 물론 그 의지들은 하나하나 다른 모습으로 적절히 개별화되어 드러납니다. 각각의 동물에 각인되어 고유한 특징을 이루는 모든 형상, 모든 속성이 사람 안에 살아 있습니다. 이를 통해 사람의 의지는 생명력을 얻고, 그러면 그 사람은 자연에 알맞는 방법으로 자신의 본성에 적합하게 이 세상 안으로 들어오게 됩니다.

47   그렇다면 오늘날 사람들은 도대체 왜 어떤 것에도 뿌리를 내리지 못한 듯 어슬렁거리는 것일까요? 요즘 사람들을 잘 보면 모두들 걸음걸이가 바르지 않습니다. 그들은 발을 제대로 내딛지 않고 다리를 끌면서 걷습니다. 스포츠를 통해 그와는 다른 방법으로 걷는 것을 배운 사람들도 있지만, 그들의 걸음걸이 또한 어쩐지 자연스럽지 않습니다. 그리고 무엇보다 요즘 사람들은 그 생각이 절망적입니다. 제대로 살기 위해 해야 할 일이 뭔지를 모르는 겁니다. 재봉틀이나 전화기 앞에 앉거나 기차 여행이나 세계일주를 계획할 때는 그들도 무엇을 해야 할지 압니다. 하지만 자기 자신에 관해서는 무엇부터 해야 할지 모릅니다. 교육을 통해서 제대로 된 방법으로 이 세계 안으로 들어오는 것을 배우지 못했기 때문입니다. 그런 교육은 사람을 바르게 교육해야 한다는 미사여

구로 이루어지는 것이 아닙니다. 그것은 한 사람 한 사람에게 구체적으로 필요한 것을 찾아 실제적으로 가르침으로써, 다시 말해서 식물을 땅 속에 제대로 심고 사람과 동물의 관계를 제대로 알도록 교육함으로써 이루어집니다. 그래야 사람이 대지 위에 제대로 발을 딛고 서고, 세상과 자신의 관계를 제대로 알게 됩니다. 그 모든 것을 수업 전체를 통해서 배워야 합니다. 그것이야말로 중요하고 근본이 되는 교육입니다.

48   사람이 자라면서 각 연령에 따라 무엇이 반드시 요구되는지 아는 것이 가장 중요합니다. 그러려면 사람에 대한 제대로 된 관찰, 사람에 대한 실질적인 이해가 있어야 합니다. 앞에서 설명한 두 가지 사항을 다시 생각해 봅시다. 만 9세나 10세까지는 아이가 외적인 자연 전체를 살아 있는 것으로 받아들이도록 뒷받침해줄 필요가 있습니다. 그 연령의 아이는 아직 외적 자연과 자기 자신을 구별하지 못하기 때문입니다. 우리 교사는 이 시기의 아이에게 전래동화를 들려주고 전설과 신화를 이야기해줍니다. 우리에게 아주 가까이에 있는 것을 소재로 우리가 직접 이야기를 지어내도 좋습니다. 이야기나 서사의 형태로 가르치고 비유적인 표현을 써서 예술적으로 가르치기 위해서입니다. 이런 것은 아이가 이 세상으로 들어오는 통로인 비밀스러운 심연으로부터 아이의 영혼을 끌어올립니다. 우리가 만 9, 10세가 지난 아이, 즉 만 10세에서 12세 사이에 있는 아이를 데리고 있다면, 좀 전에 설명한 방식으로 아이를 동물과 식물의 세계로 이끌어야 합니다.

49   그런데 이때 우리가 분명히 알아야 할 것이 있습니다. 오늘날

그토록 인기 있는 인과율이란 개념은 만 10세, 11세인 아이에게는 아직 이해를 기대할 수 있는 것이 아닙니다. 물론 오늘날 우리는 모든 것을 원인과 결과로 바라보는 데 익숙해져 있습니다. 자연과학 교육으로 인해 사람들은 모든 것을 원인과 결과를 기준으로 관찰하게 되었습니다. 여러분이 아시다시피, 만 11세, 12세까지의 아이에게 오늘날 사람들이 일상생활에서 익숙해져 있는 방식으로 원인과 결과를 이야기하는 것은 색맹인 사람에게 색에 대해서 말하는 것과 똑같은 일입니다. 오늘날 사람들이 인과관계를 말하는 방식으로 이 연령대의 아이에게 말을 하면, 아이의 영혼에는 아무것도 들리지 않습니다. 아이에게는 무엇보다 그 인과관계를 물을 일이 전혀 없는 생생한 상들이 필요합니다. 그러니 만 10세가 지난 아이에게는 원인과 결과에 관해 설명하지 말고 원인과 결과에 대한 상들을 제시해야 합니다.

50　　　적어도 만 12세가 되어야 아이는 원인과 결과를 이해할 수 있을 만큼 성숙해집니다. 그러므로 오늘날 사람들이 말하는 의미의 인과율과 가장 깊게 관련된 지식 분야와 무생물을 다루는 물리 등은 만 11세와 12세 사이의 연령에 도달했을 때 비로소 교과목에 도입되어야 합니다. 그 전에는 광물, 물리학, 화학과 관련된 것을 아이에게 말해서는 안 됩니다. 그런 내용은 이 연령대의 아이에게 적절하지 않기 때문입니다.

51　　　그리고 역사와 관련된 것도 만 12세 무렵까지는 인물과 사건을 아름답고도 일목요연하게 그린 그림을 통해서 아이의 영혼에 생생하게 전달해야 합니다. 모든 것을 이전에 있었던 사건의 결과로 여기는, 인류

가 자랑스러워 하는 역사관을 가르치는 역사 수업이어서는 안 됩니다. 역사에서 인과관계를 찾는 그런 기계적인 역사관 역시 색맹인 사람이 색을 이해할 수 없는 것처럼 아이에게는 이해하기 어려운 부분입니다. 게다가 아이에게 원인과 결과만 줄곧 가르치면, 자칫 그 아이는 단편적이지 않고 지속되는 삶에 대해 완전히 잘못된 생각을 가질 수 있습니다. 여러분께 그림으로 분명하게 설명해 보겠습니다.

52　　　냇물이 흘러가는 것을 생각해 보십시오.

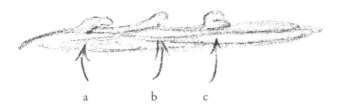

냇물에는 물결이 있습니다. 만일 물결 c의 근원을 물결 b에서 찾고, 물결 b의 근원을 물결 a에서 찾으면, 다시 말해서 c는 b의 결과이며 b는 a의 결과라고 말한다면 여러분은 잘못 생각하는 것입니다. 물결의 모양을 만들어내는 갖가지 힘은 냇물 아래 깊은 곳에 있습니다. 역사도 마찬가지입니다. 1910년에 일어난 일이 반드시 1909년에 일어난 일의 결과인 것은 아닙니다. 사람은 냇물의 깊은 곳에서 일어나는 갖가지 변화가 물결을 만들어낸다는 것을 짐작하는 감각을 일찍부터 가져야 합니다. 그런 감각을 갖도록 하려면 먼저 상으로 가르친 뒤에 만 12세 무렵부터 원인과 결과를 알도록 해야 합니다.

53　　　교사에게 상상력이 필요한 이유가 그것입니다. 교사는 그런 상

상력을 가져야 합니다. 교사가 사람을 제대로 이해하게 되면 그런 상상력을 갖추게 됩니다. 이것이 교육에서 중요한 부분입니다.

54   교사가 사람의 본성을 잘 이해하는 가운데 수업을 진행하고 가르쳐야 하듯, 앞에서 설명한 것처럼 수업 중에는 도덕적인 내용의 교육이 동반되어야 합니다. 이에 관해서는 강연 말미에 좀더 상세하게 말씀드리겠습니다. 이때에도 교사는 자신이 무엇을 해야 할지를 아이의 본성으로부터 읽어내는 것이 중요합니다. 만 일곱 살밖에 안 된 아이에게 인과율을 가르친다면, 그것은 인간 본성의 발달 과정을 거스르는 일입니다. 그리고 어떤 식으로든 아이에게 꾸중할 때도 인간 본성의 발달을 거스르는 훈육을 하는 경우가 흔합니다.

55   그 문제에 관해서 우리는 발도르프 학교에서 아주 좋은 경험을 했습니다. 일반 학교에서는 어떻게 벌을 줍니까? 그런 학교에서는 수업 중에 뭔가 제대로 하지 않은 아이에게 방과 후에 남아서 계산 문제 같은 것을 풀도록 합니다. 발도르프 학교에서 서너 명의 아이들이 연관된 아주 특별한 일이 있었습니다. 교사가 그 아이들에게 말했습니다. "너희들은 잘못을 저질렀으니까 학교가 끝나도 집에 가지 말고 계산 문제를 풀도록!" 그러자 다른 아이들이 말했습니다. "우리도 집에 안 가고 계산 문제를 풀래요!" 그 아이들은 계산 숙제란 벌로 해야 하는 일이 아니라 재미있는 작업이라고 교육받았기 때문입니다. 방과 후에 남아서 계산 문제를 푸는 것을 뭔가 좋지 않은 일이라고 생각하도록 만들어서는 안 됩니다. 그렇지 않았기 때문에 발도르프 학교의 그 학급에서는 전원이 남

아서 계산 문제를 풀겠다고 했습니다. 아이의 영혼을 올바르게 양육하려면 벌이라고 여겨지지 않는 방법을 벌로 선택해서는 안 됩니다.

56   또 다른 예를 들어보겠습니다. 발도르프 학교 교사인 슈타인 박사는 장점이 많고 교육에 관해서 때때로 아주 사려 깊은 모습을 보이는 분입니다. 어느 날 슈타인 박사는 학급의 아이들이 책상 밑으로 쪽지 편지를 전달하는 것을 알아차렸습니다. 쪽지를 써서 숨길 생각도 없이 옆자리 아이의 엉덩이 아래에 밀어 넣으면 그걸 읽고 답장을 보내는 것을 본 것입니다. 그런데 슈타인 박사는 이 편지 장난을 두고 "너희한테 벌을 주겠다!" 하고 야단을 치는 대신 갑자기 우편제도에 관해 길게 설명하기 시작했습니다. 갑자기 우편 이야기가 나오자 아이들은 깜짝 놀랐습니다. 그리고 왜 그런 이야기가 나왔는지 금세 깨달았습니다. 교사의 이 세련된 임기응변이 아이들을 부끄럽게 만들었습니다. 그리고 부끄러워진 아이들은 곧 편지 장난을 그만두었습니다. 우편 이야기에 담긴 교사의 생각이 아이들로 하여금 그 장난을 그만두게 한 것입니다.

57   한 학급을 잘 이끌어 가려면 그런 창의력이 있어야 합니다. 늘 해오던 대로 따라하는 것이 아니라 아이의 본성 안으로 온전히 들어갈 수 있어야 합니다. 또 이런 방법으로 부끄러움을 느끼게 하는 경우에는 한 개인을 지목하지 않고 아무도 모르게 하는 것이 거칠게 벌을 주는 것보다 개선 – 벌을 주는 목적은 개선이므로 – 효과가 상황에 따라서는 훨씬 더 빨리 나타난다는 사실을 알아야 합니다. 교사가 자기 나름의 정신적인 주관을 가지고 교실에서 그런 방법으로 수업을 진행하면 다른 방

법으로는 도저히 달성할 수 없는 것들도 얻게 되는 경우가 많습니다.

58   교육과 수업을 위해서는 무엇보다 교사가 자기 자신을 잘 알아야 합니다. 예를 들어 한 학생이 옆에 앉은 짝 때문에 화가 나거나 인내심을 잃어 공책이나 책걸상에 잉크를 쏟았다면, 교사는 잉크가 튄다고 아이에게 다음과 같이 소리를 질러 훈육하려 들면 안 됩니다. "화내면 안 되는 거야! 착한 사람은 화를 내지 않아. 그러니 사람은 화가 나도 참아야 하는 거야! 한 번만 더 화를 내면 잉크 병을 네 머리에다 던지겠다!"

59   사실 흔히들 그렇게 합니다만, 아이를 그런 식으로 교육하면 별로 얻을 것이 없습니다. 교사는 늘 자신을 통제할 수 있어야 합니다. 그리고 학생을 질책하는 실수를 절대로 하지 말아야 한다는 점을 명심해야 합니다. 교사가 그런 실수를 할 때 아이의 잠재의식에 어떤 영향을 미칠지 알아야 합니다. 의식할 수 있는 지성, 감성, 의지는 영혼 활동의 일부분에 지나지 않습니다. 그 저변에는 이미 아이의 아스트랄체가 엄청나게 영특하고 이성적으로 움직이고 있는 것입니다.

60   교사가 교실에서 책을 들고 서서 그 책에 있는 대로 수업을 진행하거나 질문할 내용을 적은 공책을 들고 끊임없이 들여다보면서 가르치는 것을 저는 무척 싫어했습니다. 물론 아이들은 그런 교사의 태도를 즉시 의식하지는 않습니다. 하지만 아이들의 잠재의식은 무척 영리합니다. 혹시 아이들의 잠재의식을 짐작할 수 있다면, 아이들은 이렇게 말하고 있을 것입니다. "선생님은 내가 뭘 배워야 하는지 전혀 모르시나

봐. 선생님도 모르시는 걸 내가 뭣하러 배워?" 교과서나 공책을 들고 수업을 진행하는 교사에 대한 아이들의 잠재의식적인 평가는 늘 그렇습니다.

61   교사는 수업에 개입되는 이런 가늠하기 힘든 것들, 이런 섬세한 것들을 놓치지 않기 위해 많은 노력을 기울여야 합니다. 교사 자신이 제대로 몰라서 공책을 들여다보아야 한다는 사실을 아이의 잠재의식, 곧 아스트랄체가 알아채면, 아이는 교사가 모르는 것을 배울 필요가 없다고 생각하게 됩니다. 아이에게서는 의식보다 아스트랄체가 훨씬 확실하게 반응하는 것입니다.

62   이런 사실을 저는 이 강연에서 반드시 언급하고 싶었습니다. 다음 이어지는 강연들에서는 구체적인 과목들과 수업을 전개하는 과정에 관해 논의하겠습니다.

네 번째 강연

1924년 8월 15일

01   앞선 강연에서는 이갈이 시기와 만 9세, 10세 사이의 아이의 영혼에 필요한 것을 서술의 형태, 상으로 그려진 형태로 제공하여 받아들이게 하고 또 그렇게 받아들인 것이 자연스러운 방법으로 아이의 평생에 영향을 미치게 하는 방법이 무엇인지를 설명했습니다. 그런 목적을 이루려면 아이에게서 죽은 표상과 감각이 아니라 살아 있는 상상과 느낌을 일깨워 주어야 합니다.

02   이를 위해서 우리는 먼저 우리 자신이 영혼의 활동을 감지하는 능력을 얻어야 합니다. 우리는 가르치는 사람이자 키우는 사람으로서 인내심을 가지고 자기연마에 힘써야 하는 동시에 진정 우리 영혼 안에서 싹트고 자랄 수 있는 것을 인내심을 가지고 일깨워야 할 것입니다. 그렇게 하면 스스로가 최고의 경험을 할 수 있게 됩니다. 그런 경험을 할 수 있으려면 첫 발동을 걸 때 용기를 잃지 않아야 합니다.

03   정신을 담아야 한다고 판단되는 활동을 시작하는 사람은 자신이 서툴다는 사실을 어떤 상황에서도 인정하고 참아내야 합니다. 자신이 서툰 탓에 일을 어리석고 불완전하게 한다는 것을 인정하고 참아내지 못한다면, 그런 사람은 나중에도 결코 자기 내면으로부터 우러나서 그 일을 완벽하게 해내지 못할 것입니다. 특히 우리처럼 가르치고 양육하는 일을 하는 사람은 우리가 가르치려는 것이 먼저 우리의 영혼 안에

서 불이 붙도록 해야 합니다. 그것도 아주 제대로 불이 붙도록 말입니다. 아이들에게 깊이 인식되리라고 판단되는 내용을 상으로 묘사하는 일을 한두 번 성공적으로 찾아내게 되면, 우리는 스스로에게서 주목할 만한 발견을 하게 될 것입니다. 그런 상들을 찾아내는 일이 점점 더 쉬워지고 이전에는 생각하지 못했을 만큼 자신이 점점 더 창의적인 사람이 되어간다는 사실을 알게 되는 것입니다.

04   물론 그러다 보면 가야 할 방향에서 한참 벗어나 무모하게도 엉뚱한 것을 하는 경우도 당연히 있습니다. 그런 경우에는 그렇게 서툴게 아이들에게 다가가면 절대로 교육자가 되지 못한다는 말을 들을 수도 있습니다! 그런 말을 하는 사람에게는 인지학의 세계관을 내세워야 합니다. 그리고 이렇게 말해주어야 합니다. "어떤 카르마가 나를 아이들한테로 이끕니다. 그래서 나는 서툴면 서툰 대로 교육자로서 이 아이들 앞에 섭니다. 그리고 내가 서툰 상태로 가까이해서는 안 된다고 해도, 그 아이들은 결국 카르마로 인해 몇 년이 지난 뒤에 다시 내 앞에 있게 될 것입니다."

05   교사와 교육자는 이렇게 아이들의 삶 속으로 과감히 들어가야 하는데, 이는 교육에 관한 질문이 결코 교사의 질문이 아니라 아이의 질문이기 때문입니다.

06   그래서 저는 여러분에게 한 가지 예가 될 만한 것을 보여드리려고 합니다. 아이의 영혼 안에 깊이 가라앉아 아이와 함께 성장하는 그

무엇, 그래서 나중에 우리가 다시 그것으로 되돌아가서 먼저 주어진 그것으로부터 느낌과 감정을 불러 올릴 수 있게 해주는 그 무엇에 관한 예입니다.

07   만 7세와 8세가 된 아이들에게 어떤 것을 상으로 가르친 뒤 그 아이들이 만 13, 4세가 되었을 때 다시 어떤 형태로든 전에 가르친 것을 반복하는 것만큼 유용하고 효과적인 수업 방법은 없습니다. 바로 그런 이유로 우리 발도르프 학교에서는 아이들이 되도록 오랫동안 같은 교사의 지도를 받도록 합니다. 우리 학교에서는 만 7세가 된 아이들이 교사에게 맡겨집니다. 그리고 학년이 올라가도 그 교사가 같은 학급을 맡습니다. 이 방법이 바람직한 이유는 아이에게 씨앗으로 주어지는 것들이 시간이 흐름에 따라 되풀이해서 교육 수단의 내용을 제공하기 때문입니다.

08   만 7, 8세 아이에게 상을 담은 이야기를 해준다고 생각해 봅시다. 아이는 그 상을 금세 이해해야 할 필요가 없습니다. 그 이유는 나중에 말씀드리겠습니다. 교육자가 그런 자료를 우아한 형태로 제시해서 아이로 하여금 어떤 인상을 가지도록 하는 것이 중요합니다. 제가 아이에게 다음과 같은 이야기를 해준다고 해 봅시다.

09   "옛날 옛적, 햇빛 비치는 숲속에 커다란 잎이 달린 나무 아래 자그마한 제비꽃이 피어 있었어요. 제비꽃은 나뭇가지 사이의 틈을 쳐다보았어요. 그 커다란 틈으로 보이는 것은 파란 하늘이었습니다. 제비

82

꽃이 파란 하늘을 본 것은 그때가 처음이었어요. 그도 그럴 것이, 제비꽃은 그날 처음으로 활짝 피었거든요. 파란 하늘을 본 제비꽃은 놀라고 겁이 났습니다. 하지만 제비꽃은 자기가 왜 그렇게 겁이 나는지를 몰랐어요.

바로 그때 가까운 곳에 사납고 흉하게 생긴 개 한 마리가 지나갔습니다. 제비꽃이 개에게 물었습니다. '저기 저 위에 뭐가 있길래 나처럼 파랗게 보이지?' 제비꽃처럼 하늘도 파랗게 보였기 때문이죠.

그러자 개는 심술맞게 대답했어요. '아, 저건 너하고 같은 제비꽃인데, 무지하게 커다란 거지. 저 제비꽃은 널 휘갈길 수 있을 정도로 크단다.'

그리고 그 얘기를 들은 제비꽃은 저 위의 꽃이 자기를 한 대 칠 수 있을 정도로 엄청나게 크다는 생각이 들어 더 무서워졌습니다. 그래서 제비꽃은 꽃잎을 한껏 접고는 그 엄청나게 큰 제비꽃을 올려다볼 생각을 하지 않은 채, 때마침 바람에 떨어진 커다란 나뭇잎 아래로 숨어버렸습니다. 제비꽃은 하늘이라는 거대한 제비꽃이 무서워 그렇게 종일 숨어서 지냈습니다.

자기를 후려칠지도 모를 하늘이라는 거대한 제비꽃 생각에 한 숨도 못 잔 채, 제비꽃은 다음날 아침을 맞았습니다. 아침이 되어서도 언제 첫 번째 공격이 날아올까 마음을 졸였지만, 제비꽃에게는 여전히 아무런 일도 일어나지 않았습니다.

밤새 마음을 졸이느라 조금도 피곤해지지도 않은 제비꽃은 – 사실 제비꽃은 잠을 자면 고단해지고 자지 않으면 고단해지지 않거든요 – 살짝 나뭇잎을 빠져나왔습니다. 그때 처음으로 제비꽃의 눈에 들어온 것은 떠오르는 해와 여명이었습니다. 제비꽃은 붉게 물든 하늘이 무섭지 않고 오히려 기분이 좋아졌습니다.

조금씩 여명이 사라지면서 모습을 드러낸 밝고 파란 하늘은 시간이 지나면서 점점 더 파랗게 바뀌었습니다. 그러자 제비꽃은 그 하늘이 개가 말한 대로 자기를 후려칠지도 모르는 거대한 제비꽃이 아닌가 하는 생각이 들었습니다.

그때 마침 어린 양이 한 마리가 다가왔습니다. 제비꽃은 다시 저 위에 있는 것이 무엇인지 묻고 싶었습니다. '저 위에 있는 게 뭘까?' 양이 대답했습니다. '그건 커다란 제비꽃인데, 너처럼 파란색이지.' 그 말에 제비꽃은 그 심술궂은 개가 한 말을 다시 듣게 되리라는 생각에 또 한 번 덜컥 겁이 났습니다. 하지만 어린 양은 착하고 순했습니다. 양의 착하고 순한 눈길을 본 제비꽃은 다시 물었습니다. '착한 친구야, 그렇다면 저 커다란 제비꽃이 날 휘갈기지는 않을까'

'설마 그럴 리가!' 하고 양이 대답했습니다. '저 제비꽃이 널 휘갈길 일은 없어. 저 제비꽃은 너보다 훨씬 파랗고, 그래서 그만큼 너보다 더 큰 사랑으로 가득하단다.'

그 말에 제비꽃은 그 거대한 제비꽃이 자기를 후려칠 일은 절대 없을 뿐 아니라 자기보다 훨씬 파란 만큼 사랑도 더 많아서 오히려 이 지상의 모든 위험에서 자그마한 자기를 지켜줄 것임을 바로 알게 되었습니다. 그래서 제비꽃은 마음이 편해졌습니다. 거대한 하늘의 그 파란 빛이 사방에서 자기에게로 다가오는 신의 사랑으로 여겨졌기 때문이죠. 그 뒤로 작은 제비꽃은 제비꽃들의 신에게 기도하려 할 때마다 하늘을 올려다보게 되었답니다."

10   이런 이야기를 들려주면 아이들은 아무런 의심도 없이 듣습니다. 이런 이야기라면 아이들은 언제고 즐겨 듣습니다. 다만 이런 이야기를 할 때는 아이들이 귀로만 듣지 않고 그 이야기를 내면의 영혼이 소화하도록 이끄는 분위기를 만들어야 합니다. 이야기를 들려주는 사람이 자기 스스로 그 이야기를 느껴야 아이들이 얌전한 태도로 집중하게 된다는 사실이 중요합니다. 따라서 이야기를 들려주는 사람은 앞서 제가 말씀드린 것처럼 아이들의 태도에 주목해야 합니다.

11   언젠가 우리 발도르프 학교에 교사 한 분을 모셨습니다. 그 교사는 이야기를 들려주는 데 정말 뛰어난 분이었습니다. 하지만 아이들로 하여금 자연스럽게 사랑을 담아 교사를 쳐다보게 하는 능력은 없었습니다. 그 결과는 어땠을까요? 아이들은 한 가지 이야기가 끝나면 바로 다른 이야기를 듣고자 했습니다. 그러면 교사는 아이들이 원하는 대로 다음 이야기를 준비했습니다. 그럼 아이들은 다시 그 다음 이야기를 듣고 싶어했고요. 그러면 교사는 또 다른 이야기를 준비했죠. 시간이 지나자 교사는 아이들이 원하는 만큼 이야기를 준비할 수가 없게 되었습니다. 교사는 아이들에게 끝없이 뭔가를 집어넣어 주어서는 안 됩니다. 어떤 식으로 분위기를 바꿔야 할지는 곧 말씀드리겠습니다만, 아이들이 질문을 하도록 해야 합니다. 아이들의 얼굴을 찬찬히 보고 그 표정을 살펴, 누가 뭔가를 물어보고 싶어하는지 찾아야 합니다. 그렇게 아이가 질문을 하도록 이끈 다음, 방금 들려준 이야기를 바탕으로 아이의 질문에 관해 대화를 나누어야 합니다.

12   그러면 이렇게 질문하는 아이도 있을 것입니다. "그 개는 왜 그렇게 심술궂게 대답했을까요?" 그러면 교사는 그 아이의 눈높이에 맞추어 이렇게 대답하면 됩니다. "개는 원래 집을 지키는 동물이고, 그래서 사람들에게 겁을 주어 자기를 두려워하게 만드는 데 익숙하기 때문이란다." 이렇게 말한 다음, 개가 왜 그런 대답을 했는지 설명합니다. 그리고 어린 양이 왜 그렇게 대답했는지 설명합니다. 이야기를 들려준 다음에 이런 방식으로 아이들과 오래 대화를 나누다 보면, 한 가지 질문을 던진 아이는 꼬리에 꼬리를 물고 질문하게 된다는 사실을 알게 됩니다. 그렇게 되면 아이는 상상할 수 있는 모든 것뿐 아니라 상상할 수도 없는 것에 대해서도 질문하게 됩니다. 여기서 중요한 것은 교실에서 교사가 자연스러운 권위를 보여야 한다는 것인데, 그 문제는 앞으로 자주 언급하게 될 것입니다. 교사가 자연스러운 권위를 보이지 못하면 아이들은 온갖 장난을 칠 것입니다. 이때 교사가 장난하는 아이들 쪽으로 고개를 돌려 야단을 치면 이미 아이들에게 진 것입니다. 아이들을 가르치는 교사는 많은 것을 모른 척 넘어갈 줄 알아야 합니다.

13   이와 관련해서 저는 우리 학교 어느 교사의 방법에 감탄한 적이 있습니다. 몇 해가 지난 지금은 아주 의젓하게 성장했지만, 어느 학급에 대단한 개구쟁이가 있었습니다. 교사가 앞줄에 앉은 아이를 지도하고 있는데, 그 개구쟁이가 자리에서 벌떡 일어나 교사의 뒤통수를 한 대 치는 게 아닙니까! 그 자리에서 교사가 깜짝 놀랐다면 아이는 분명 그 뒤로도 변하지 않았을 겁니다. 그런데 교사는 뒤통수를 맞은 걸 느끼지도 못한 척하더군요. 어떤 것들은 정말 신경을 쓰지 않고 모른 척해야

합니다. 그렇게 긍정적으로 대하는 방법이 바로 아이들에게 긍정적인 영향을 주게 됩니다. 뭔가 부정적인 일이 벌어질 때 그것에 반응을 보이면 대체로 좋지 않은 결과로 이어집니다.

14 그 방법에 대해서는 다시 말씀드리겠지만, 교실에서 자연스럽게 권위를 보여 규율을 잡지 못할 때 어떤 결과가 빚어지는지를 보여주는 교사도 있었습니다. 그 교사는 여러 이야기를 끊임없이 들려주어 아이들을 긴장감 넘치는 상태로 잡아두는 재주가 있었습니다. 문제는 아이들이 그 흥미진진한 이야기에서 풀려나려 하지 않는다는 것이었습니다. 교사가 이야기를 마치고 긴장감을 풀어주려 하면 – 아이들의 신경이 지나친 긴장상태에 있지 않도록 하려면 그건 당연한 순서입니다 – 한 아이는 자리에서 튀어나와 장난을 치고, 어떤 아이는 체조 동작을 하려 들거나 오이리트미 동작을 하기도 하고, 또 어떤 아이는 다른 아이에게 주먹질을 하거나 교실을 뛰쳐나갔습니다. 그렇게 교실은 엉망진창이 되어 흥미진진한 이야기를 더 해주고 싶어도 할 수 없는 상태가 되고 말았습니다.

15 결국 아무리 유익한 것이라도 그것을 어떤 분위기로 아이들에게 전달하느냐가 중요합니다. 이 문제에 관해서는 아주 별난 경험이 많습니다만, 무엇보다 교사 스스로가 충분히 자신감을 가져야 한다는 사실이 요점입니다.

16 교실에 들어설 때 교사에게 필요한 것은 진정 아이들의 영혼

안으로 깊게 들어갈 준비가 되어 있는 내면의 분위기입니다. 어떻게 해야 그런 자신감이 생기게 될까요? 그러려면 자기가 맡은 학생들을 잘 알아야 합니다. 아이들을 알면 비교적 짧은 시간 안에 학급을 이끌 방법을 세울 수 있게 됩니다. 한 학급이 50명 이상이라고 해도 말입니다. 자기 학급의 아이들을 알기 위해서 교사는 학급의 아이들을 마음속에 떠올려 생각하는 방법을 훈련합니다. 그리고 아이 하나하나가 어떤 기질인지, 재능이 무엇인지, 표정이 어떤지 등을 세세하게 알아야 합니다.

17　　수업 전체의 영혼이라 말할 수 있는 '교사회의'에서는 각 아이의 특성을 꼼꼼하게 논의합니다. 아이의 개별성을 관찰하는 과정에서 나온 핵심적인 것을 교사회의를 통해서 교사가 배웁니다. 그리고 이를 통해 교사들이 완성되어 갑니다. 아이란 원래 수많은 수수께끼를 내놓는 존재이며, 그 수수께끼를 푸는 과정에서 교사가 수업에 적용할 감각들이 계발됩니다.

18　　그래서 교사라면 종종 느끼게 되지만, 아이들 안에 살아 있는 그 무엇으로 자기 내면을 채우지 못한 교사가 교실에 들어가면 오 분도 지나지 않아 아이들은 서로 다투고 집중하지 않고 장난을 칩니다. 결국 그런 교사는 수업을 제대로 진행하지 못하고, 교체가 불가피해집니다. 그리고 교사를 바꾸면 수업 첫 날부터 학급이 완전히 달라진다는 것을 알게 됩니다!

19　　그런 일은 여러분도 경험하게 될 것입니다. 결국 중요한 것은

무엇보다 교사의 영혼 상태입니다. 교사의 영혼 상태가 아침마다 각기 다른 특성을 지닌 학급 아이들 전체를 명상적으로 성찰하여 자기 영혼 안으로 끌어들일 수 있는지가 관건입니다.

20   학급 전체를 교사의 영혼 안으로 끌어들이려면 족히 한 시간은 걸린다고 하실지도 모르겠습니다. 하지만 그렇지 않습니다. 한 시간이나 걸린다면 아예 그렇게 할 수 없는 교사일 것입니다. 십 분, 십오 분이 걸리는 교사라면 실제로 그렇게 할 수 있는 교사입니다. 물론 처음에는 쉽지 않을 테지만, 시간이 지나면서 내적이고 심리적인 통찰이 생기면서 교사는 금세 상황을 파악할 수 있게 됩니다.

21   상을 떠올릴 수 있는 이야기를 아이들의 내면으로 전달하는 데 필요한 분위기를 만들려면 아동의 기질을 제대로 들여다보는 것이 무엇보다 중요합니다. 그러므로 먼저 각각의 아이들을 그 기질에 맞도록 대하는 것이 전체 교수 방법론에서 빠질 수 없습니다. 아이의 기질을 가장 잘 다루는 요령은 이렇습니다. 먼저 기질이 비슷한 아이들끼리 무리를 짓게 합니다. 그렇게 하면 무엇보다 교사는 이쪽 아이들은 담즙질, 저 아이들은 우울질, 또 다른 아이들은 경혈질, 하는 식으로 일목요연하게 볼 수 있게 됩니다. 그러면 전체 학급을 파악하는 바탕을 확보한 셈입니다.

22   아이들의 기질을 파악해서 그것을 바탕으로 자리를 정해주는 것만으로도 교사는 교실에서 필요한 자연스러운 권위를 확보하는 데

한 걸음 내딛게 됩니다. 좋은 방법은 생각지도 못한 다른 데서 나오는 경우가 많습니다. 교육자이자 양육자인 사람은 내적인 작업을 할 때 자기 자신을 지향해야 합니다.

23   점액질인 아이들끼리 함께 앉히면 그 아이들은 서로를 교정하는 행동을 합니다. 무슨 말인가 하면, 그 아이들은 시간이 흐르면서 서로의 둔감함을 지겨워하게 됩니다. 그래서 스스로 점점 나아지는 것이지요. 담즙질인 아이들은 서로 주먹질하고 아옹다옹하다가 결국 상대방의 담즙질 성격을 싫어하게 됩니다. 그렇게 기질이 같은 아이들끼리 모아서 앉히면 아이들은 결국 서로 사이 좋게 지냅니다. 물론 교사 자신도 앞에서 예로 든 그런 이야기를 들려주는 과정에서 아이들을 그 기질에 따라 다루는 자연적이고 본능적인 능력을 계발해야 합니다.

24   예를 들어 점액질인 아이가 있으면 그 아이에게는 자신의 점액질보다 더 심한 점액질을 느낄 수 있는 이야기를 해주는 겁니다. 경혈질의 쾌활한 아이는 한 가지 자극에 만족하지 않고 늘 새로운 자극을 찾는데요, 그런 아이에게는 아이 자신이 감당할 수 있는 것보다 더 자주 자극의 종류를 바꾸는 것이 방법입니다. 담즙질의 성급한 아이에게는 교사 스스로가 담즙질이 되어 공격적인 태도로 대합니다. 그러면 시간이 지날수록 아이는 자신의 담즙질인 성격으로 인해 교사의 담즙질적인 태도에 반발하게 됩니다. 아이가 가진 기질과 같은 기질로 대응하는 것이 해결책이라는 말입니다. 다만 그렇게 같은 기질로 대한다고 해서 상황이 우스꽝스러워지도록 하면 안 된다는 것에 주의해야 합니다.

25   이런 방법을 사용하면 교사는 이야기를 단순히 전달하는 것이 아니라 이야기를 두고 대화를 나누는 분위기에 도달합니다. 그런데 이렇게 이야기를 두고 대화를 나누는 것은 아이들에게 그 이야기를 반복하도록 시키기 전이어야 합니다. 아이들에게 이야기를 들려준 뒤, "에디트 뮐러야, 방금 들은 이야기를 다시 해 보렴!" 하고 시키는 것은 가장 나쁜 방법이고 전혀 의미 없는 일입니다. 뭔가 의미 있는 수업이 되려면 먼저 어느 정도 그 이야기에 대해 사려 깊거나 어처구니없는 대화를 나누어야 합니다. (수업이라고 언제나 사려 깊은 대화만 해야 하는 것은 아니고, 어처구니없는 대화도 해야 합니다. 오히려 그런 어처구니없는 대화를 먼저 하는 경우가 대부분입니다.) 그래야 아이들이 그 이야기를 이해합니다. 그런 다음에 아이들에게 이야기를 되풀이해 보라고 시킬 수는 있습니다만, 그 방법은 그다지 중요하지 않습니다. 아이들이 그 이야기를 얼마나 기억하는지는 중요하지 않기 때문입니다. 지금 우리 논의의 대상인 이갈이에서 만 9세나 10세에 이르는 아이들에게는 들은 이야기를 기억하는 것이 그다지 의미가 없습니다. 그 나이의 아이들은 들은 이야기를 기억할 수 있으면 기억하고 잊어버리면 그냥 잊어버리는 대로 두는 것이 좋습니다. 기억력 훈련은 이야기를 들려주는 것과는 다른 수업 방법으로 해야 하는데, 그것에 대해서는 다시 말씀드리겠습니다.

26   그럼 이제 다른 질문에 대해 조금 이야기를 해보겠습니다. 제가 아까 들려드린 그 이야기를 선택한 이유는 무엇일까요? 그것은 그 이야기를 통해 만들어지는 상상들이 아이와 함께 성장해갈 수 있기 때문입니다. 그 이야기에는 나중에 되돌아가 이야기할 거리가 많습니다.

예를 들면 이렇습니다. 제비꽃은 하늘이라는 거대한 제비꽃을 보고 두려움에 사로잡힙니다. 그런데 그것을 두고는 저학년과 이야기를 나누기가 어렵습니다. 나중에 좀 더 복잡한 주제를 다루다가 두려움에 관해 이야기해야 할 때 그 부분으로 되돌아오면 됩니다. 제비꽃 이야기에는 '작은 것'과 '큰 것'이 등장합니다. 작은 것, 큰 것은 우리 삶에서 끊임없이 나타나서 서로에게 영향을 끼칩니다. 그러니 나중에 언제든 그 이야기를 다시 꺼낼 수 있습니다. 하지만 무엇보다 그 이야기에서 주목을 끄는 것은 개의 신랄한 충고, 그리고 그 다음에 나오는 어린 양의 친절하고 사랑스러운 충고입니다. 이 부분은 나중에 아이의 영혼이 그런 것을 좋아하게 되고 또 그런 것을 이해할 만큼 성장해서 영혼 안에서 서로 대립하는 것으로 자리잡고 있는 선과 악에 대해 생각해야 할 때 다시 언급할 수 있습니다! 아이들이 아주 성숙했을 때에도 교사는 이 단순하고 순박한 이야기로 되돌아와서, 그릇된 설명 때문에 잘못 알고 있는 것은 사람을 두렵게 만드는 경우가 많은 법이라고 가르칠 수 있습니다. 훗날 어느 수업 재료에서 다루게 될 이 감정에서 일어나는 분열에 대해서 아이들은 다시 이 이야기를 듣는 가운데 훌륭하게 배울 수 있을 것입니다.

27   그리고 이보다는 나중에 배우게 될 종교 수업에서 이 이야기는 대단히 좋은 수업 재료가 됩니다. '작은 것'을 보호해주는 '큰 것'의 개념을 통해 얻는 종교적인 심성, '큰 것'에서 드러나는 보호의 의미를 자기 안에서 발견함으로써 형성되는 진정한 종교적인 감정 등을 설명할 수 있기 때문입니다. 작은 제비꽃은 파랗고 미미한 존재입니다. 그와 달리 하늘은 거대한 존재입니다. 그래서 하늘은 작은 제비꽃에게는 파란 신

입니다.

28   이런 자료는 종교 수업의 여러 단계에서 이용해야 합니다. 나중에 사람의 내면이 그 자체로 신적인 것임을 가르치고 비교하기에 얼마나 좋은 자료인지 모릅니다! 나중에 아이에게 이렇게 설명할 수 있을 것입니다. "저것 좀 봐. 하늘이라는 저 커다란 제비꽃, 온통 새파란 제비꽃의 신 말이야. 거기에서 한 조각 떨어져 나온 게 바로 이 작은 제비꽃이란다. 이렇게 신은 이 세상의 모든 바다처럼 크지. 그리고 네 영혼은 신에게서 나온 물 한 방울이란다. 바닷물 한 방울이라고 해도 그게 바다 전체의 물과 똑같은 물인 것처럼, 네 영혼도 크기만 작을 뿐이지 거대한 신의 영혼과 같단다."

29   제대로 된 상을 찾아내면 이런 식으로 전 연령의 아이들에게 사용하고 또 나중에 아이들이 성숙했을 때 언제고 다시 언급할 수 있습니다. 물론 어느 경우에나 교사 자신이 그런 상을 그려내는 것을 좋아하고 호감을 가지는 것이 기본입니다. 그러면 여러분이 상상력을 동원해서 만들어낸 여러 이야기에서 여러분 스스로가 빠져 나오지 못하는 일이 벌어지게 됩니다. 어디를 가든 뭘 하든 그 이야기들이 여러분을 따라다닙니다. 사람의 영혼은 일단 한 번 터져 나오면 결코 막을 수 없는 샘 같은 것이어서 그렇습니다.

30   다만 사람들이 게을러서 그 영혼 안에 있는 것이 터져 나오도록 노력을 기울이지 않을 따름입니다.

31   그럼 이제 상을 이용하는 수업과 교육에서 중요한 또 한 가지 방법을 말씀드리겠습니다. 여기서 중요한 것은 저학년의 경우에는 영혼 안에서 따로 작용하는 지성, 즉 이해력이 독립적으로 형성되도록 해서는 안 되고, 명료하게 보이는 상을 통해서 모든 사고가 발달하도록 해야 한다는 것입니다.

32   아직 모든 것에 서투르지만 만 8세 전후의 아이들에게 이런 방법들이 유용하게 적용될 수 있습니다. 예를 들어 이 그림을 (그림 I의 어두운 부분을) 아이들에게 보여줍니다. 그런 다음 여러 방법으로 아이들로 하여금 '저 그림은 미완성이야. 뭔가 빠졌어.'라는 생각을 스스로 하도록 이끕니다. 이 경우에도 물론 각 아이의 개인적인 특성을 고려해서 그런 생각을 이끌어내도록 해야 합니다.

33   교사는 예를 들어 이렇게 말해야 합니다. "여기 이 그림에서는 왼쪽에 있는 절반은 여기까지 이렇게 아래로 내려가 있는데 오른쪽 절반은 여기까지만 내려가 있지? 이렇게 한쪽은 완전히 내려가 있는데 다른 쪽은 여기까지만 내려가 있으면 보기에 좋지 않아." 이렇게 설명해서 아이로 하여금 "이 그림은 다 그려지지 않았으니까 마저 그려야지." 하고 실제로 느껴서 그림에서 미완성인 부분을 채우도록 이끄는 것입니다. 그러면 아이는 부족한 부분을 채우게 됩니다. 아이가 흰색으로 그릴 수 있는 부분을 저는 빨강으로 그립니다. 아이가 보완해야

그림 I

할 부분을 제가 다른 색으로 미리 암시하는 것입니다(그림 I의 밝은 부분). 그러면 처음에 아이는 문제를 해결하는 데 아주 서툴겠지만, 시간이 지나면서 사고를 통한 직관과 직관적인 사고의 균형을 이루게 됩니다. 사고는 온전히 상 안에 머물게 됩니다.

34   또 저는 언젠가 그 방법으로 학급의 몇몇 아이들로 하여금 그림을 간단히 채워가도록 했습니다. 그 다음에는 이런 그림을 그려서 아이들에게 보여줍니다(그림 II). 이때 이 복잡한 그림은 미완성인 상태로 두어 아이들 스스로 느껴 그림을 완성하도록 자극합니다(그림 II의 밝은 부분). 이런 방법으로 저는 아이의 형태 감각을 일깨우게 됩니다. 그러면 그 형태 감각에 의해 아이는 대칭과 조화를 느끼는 법을 배웁니다.

그림 II

35   이제 아이의 능력은 더욱 발전합니다. 그러면 예를 들어 아이가 직관을 통해 이 그림의 내적인 법칙성을 느끼도록 할 수 있습니다(그림 III). 먼저 아이에게 이 그림을 보여줍니다. 그러면 아이는 벌써 이 선은 모여들고 다른 선은 점점 벌어진다는 것을 느낍니다. 이 그림으로 아이에게 모여드는 것과 흩어지는 것을 잘 가르칠 수 있습니다.

그림 III

36　　그런 뒤 아이에게 다음 그림을 보여줍니다(그림 IV). 교사가 곡선들을 직선으로 그린 뒤, 아이로 하여금 스스로 그 안에 있는 선을 적절히 바꾸도록 합니다. 이런 작업을 만 8세인 아동과 함께 하기란 쉽지 않습니다. 하지만 어떻게 그림을 완성할지를

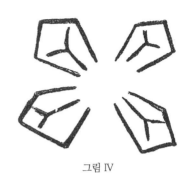

그림 IV

미리 보여주는 방법으로라도 여덟 살짜리 아이에게 스스로 그림을 완성하도록 자극해서 얻는 성과는 대단한 것입니다. 교사는 아동이 자신이 보여준 방식으로 내부의 그림을 각지게 바꾸도록 이끌어야 합니다.

37　　이런 방법으로 우리는 아이에게 제대로 된 형태 감각을 가르치고 조화와 대칭과 상응 등의 감각을 얻도록 가르칩니다. 그런 것들을 가르친 다음에는 어떻게 사물이 물이나 거울에 비치는지를 가르칩니다. 이렇게 수평선이 있고(그림 V) 이 위에 무엇인

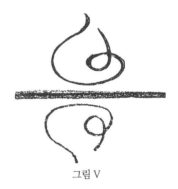

그림 V

가가 있습니다. 그러면 교사는 아이가 상상하도록 하면서 이 사물이 물에 비치는 모습을 보여줍니다. 이런 방법으로 우리는 아이를 이 세계 안에서 조화를 이루는 것들로 조금씩 끌어들일 수 있습니다.

38　　여기서 한 걸음 더 나아가, 아이가 명료하게 상으로 사고하면

서 자기 자신을 능숙하게 움직이도록 가르칠 수도 있습니다. "왼손으로 오른쪽 눈을 가리켜 보자! 오른손으로 오른쪽 눈을 가리켜 보자! 오른손으로 왼쪽 눈을 가리켜 보자! 오른손을 뒤로 둘러 왼쪽 어깨를 가리켜 보자! 왼손으로 오른쪽 어깨를 가리켜 보자! 오른손으로 왼쪽 귀를 가리켜 보자! 왼손으로 왼쪽 귀를 가리켜 보자! 오른 손으로 오른 쪽 엄지 발가락을 가리켜 보자!" 등의 지시를 하는 것입니다. 이렇게 아이가 자기 몸으로 갖가지 기묘한 동작을 하도록 시킵니다. 예를 들어 다음과 같은 동작도 있습니다. "오른손으로 왼손 주위로 원을 그려 보자! 왼손으로 오른손 주위에 원을 그려 보자! 두 손으로 서로 엇갈리는 원을 그려 보자! 두 손으로 각기 다른 방향으로 원을 그려 보자! 그걸 점점 더 빨리 해 보자! 오른손 가운데 손가락을 빨리 움직여 보자! 오른손 엄지를 빨리 움직여 보자! 새끼손가락을 빨리 움직여 보자!"

39   이렇게 아이가 스스로 민첩하게 갖가지 방법으로 몸을 움직이는 연습을 하도록 합니다. 이런 연습은 어떤 효과가 있을까요? 만 8세 무렵에 이 연습을 하면 아이는 생각하는 법을, 그것도 실생활을 위해 생각하는 법을 배웁니다. 직접 머리로 하는 생각은 실생활을 위한 생각이 아니어서 결국에는 생각 때문에 지치게 됩니다. 그와는 달리 이런 방법으로 자신의 몸을 민첩하게 움직이는 동작을 하면서 생각을 하면 아이는 나중에 실질적인 삶을 현명하게 이끌게 됩니다. 35, 36세가 되었을 때의 실질적인 삶을 위한 지혜와 만 7, 8세 때에 한 동작 연습 사이에 어떤 연관성이 있는지는 나중에 알게 됩니다. 삶의 여러 단계는 그렇게 서로 연결되어 있습니다.

40   이런 인간 이해를 바탕으로 우리는 아이에게 정말 가르쳐야 할 것을 가르쳐야 합니다.

41   앞에서 말한 방법으로 색채의 조화도 가르칠 수 있습니다. 예를 들어 그림 그리는 연습을(그림I 참조) 먼저 아이와 함께 합니다. 그런 다음 아이의 감정을 자극하여 이 빨강(안쪽) 옆에 초록을 놓으면 잘 어울린다는 것을 가르칩니다.

42   물론 이때는 실제로 색채를 동원해야 더 잘 볼 수 있습니다. 그리고는 아이에게 설명합니다. "한 번 반대로 해 보자. 여기(안쪽)에 녹색을 칠하는 거야(그림 VII). 그럼 그 둘레에는 무슨 색을 칠하고 싶을까?" 그러면 아이는 그 둘레를 빨강으로 칠할 것입니다. 이런 작업을 통해서 우리는 아이가 조금씩 색의 조화를 느낄 수 있도록 이끕니다. 아이는 '여기 가운데가 빨강이면 둘레가 초록이군(그림 VI). 그러니까 이 빨강이 초록으로 바뀐다면 초록 부분을 빨갛게 만들어야 해.'라는 사실을 알게 됩니다. 이렇게 색채와 형상의 상응을 아이가 의식하도록 만드는 것은 만 8세에 이른 아이들에게는 엄청나게 큰 의미가 있습니다.

그림 VI   그림 VII

43   내면에서 형성해가는 이런 수업을 진행하는 데 필요한 것은 수업시간표가 아닙니다! 발도르프 학교에서는 시간표는 없고 흔히 말하는 주기별로 이루어지는 에포크 수업만 있습니다. 어느 한 주제로 4~6주 동안 수업이 계속됩니다. "8~9시 산수, 9~10시 읽기, 10~11시 쓰기"라는 식으로 하는 대신, 한 가지 수업 재료를 택해서 그것으로 약 4주 동안 수업을 하는 것입니다. 아이들이 그 수업 재료에서 충분한 성과를 보이면 다른 수업 재료로 넘어갑니다. 그러니 8~9시에 산수, 9~10시에 읽기를 하지 않고 6주 동안 산수 수업을 하고 다른 수업도 종류에 따라 4주에서 6주 동안 계속합니다. 앞으로 말씀드릴 예외적인 경우에만 시간을 기준으로 수업을 진행합니다. 주요 과목과 주요 수업은 예외없이 에포크 수업으로 진행합니다. 어느 한 기간 동안에는 내내 서로 이어지는 같은 종류의 내용을 다룹니다.

44   그렇게 함으로써 우리는 아이들이 한 시간 동안 영혼에 담아 넣으려고 한 주제를 바로 다음 시간에 잊어버리는 바람에 생기는 엄청난 내면적인 방해 요소를 제거합니다. 에포크 수업을 도입하지 않으면 그런 방해 요소를 피할 도리가 없습니다.

45   물론 이 에포크 수업 방식에 대해 여러 가지 이의가 제기됩니다. 학생들이 이전에 배운 것들을 잊어버리게 된다고 말입니다. 그런 이의는 산수 같은 특정한 수업 과목에는 해당할 수 있지만, 그것은 다음 에포크 수업이 시작될 때 짧게 복습하는 것만으로 충분히 해결될 수 있습니다. 대부분의 다른 과목에서는 그렇게 잊어버리는 것이 전혀 문제

가 되지 않습니다. 아이가 일정한 기간 동안 한 가지 수업 재료에 집중함으로써 얻는 엄청난 성과를 생각하면 말입니다.

.

다섯 번째 강연

1924년 8월 16일

01 　어린이에게 무엇인가를 가르치려고 할 때는 우리가 먼저 가르치려는 것의 고유한 본질을 어느 정도 알고 있어야 합니다. 그래야 수업이나 교육 중에 생활과 동떨어진 내용으로 빠져들지 않게 됩니다. 생활과 밀접한 것이라야 학생들이 이해할 수 있습니다. 달리 말하면, 이해할 수 있는 것이야말로 생활에 가까운 것입니다. 현실이 추상화되면 그것은 삶에서 멀어집니다.

02 　요즈음 교육하는 사람들은 교육의 어떤 부분에 대해서는 애초부터 추상적으로만 알고 있습니다. 그 내용을 생활에 가까운 모습으로는 모르기 때문입니다. 그런 점이 교육과 수업에서 가장 큰 걸림돌이 됩니다. 여러분이 처음 물건의 개수를 어떻게 셀 수 있게 되었는지 한번 생각해 봅시다. 무엇을 세어 보기 위해서 어떻게 했는지 말입니다. 여러분이 숫자 세는 법을 배웠던 일을 돌이켜 보면 뭔가 도중에 연결이 되지 않고 끊어지는 기억이 있다는 사실을 알게 됩니다. 숫자 세는 법을 배우기는 했지만, 숫자를 세기 위해 무엇을 하는지는 짐작이 가지 않습니다.

03 　교육학에서는 숫자라는 개념이나 수를 세는 방법을 아이에게 가르치는 여러 이론이 등장하고, 모두들 그렇게 고안된 교수법들을 동원하게 됩니다. 겉으로 보기에는 그런 방법이 효과가 있는 것처럼 보이지만, 전인적 차원에서 생활과 동떨어진 그런 방법이나 셈법으로는 아

동에게 온전히 다가가지 못합니다. 수업에 사용할 계산기를 만들어낸 것을 보면 우리는 이 시대가 얼마나 추상적인 것에 매달려 있는지 알게 됩니다. 회사 사무실 같은 곳에서 계산기를 사용한다면 그건 우리가 상관할 일이 아닙니다. 하지만 두뇌만 사용하게 만드는 계산기를 교실에서 사용한다면, 아이들에게 제대로 된 숫자의 본질을 가르치는 일은 애초부터 불가능하게 됩니다.

04   결국 수를 세는 것도 진정으로 생활과 연결된 것으로 가르치는 것이 중요하다는 말입니다. 교사가 가르치는 모든 내용을 아동이 완전히 배우는 것은 전혀 중요하지 않습니다. 아이는 교사가 요구하는 많은 것을 받아들여야 하지만, 그것들은 모순 없이 자연스럽게, 사안에 적합하게 주어져야 합니다.

05   이제 여러분은 제가 지금 이야기하는 방식으로 숫자 세기를 가르치는 것이 아동에게는 어렵다고 생각하실지도 모르겠습니다. 하지만 괜찮습니다. 아이가 서른 살, 마흔 살이 되어서야 비로소 "내가 여덟, 아홉 살이나 그보다 더 어렸을 때 전에 선생님의 요구에 못 이겨 받아들인 것들을 이제야 이해하게 되는군." 하는 생각이 든다면 그건 오히려 대단히 바람직한 일입니다. 일찍이 배운 것이 다시 살아나는 것이니까요. 그와는 반대로 오늘날 실물 수업이라는 이름으로 수업에 동원하려는 것들을 살펴보면, 흔히 말하듯 아동의 이해력에 맞게 전달하기 위한 것이라는 핑계로 만든 수업 내용이 너무 허술해서 절망할 수밖에 없을 것입니다.

06   그런데 이런 장면을 한번 상상해 봅시다. 아직 무척 산만하게

움직이는 저학년 아이를 데리고 이렇게 말합니다. "자, 여기를 좀 보렴. 나무(가지)가 하나 있지? 그리고 칼도 있구나. 지금 선생님이 이 나무를 자르려고 해. 그런데 너에게도 칼로 이렇게 할 수 있을까?" 이때 그 아동은 교사가 자기에게는 그렇게 할 수 없다는 것을 압니다. 그러면 그 아동에게 이렇게 말해줍니다. "나무는 너와 다르니까 선생님이 나무를 자를 수 있는 거야. 그리고 너는 나무와 같지 않기 때문에 널 그렇게 할 수는 없는 거지. 그것이 바로 나무하고 네가 다른 점이란다. 너는 온전한 하나인 거, 나무는 온전한 하나가 아닌데 너는 온전한 하나라는 거, 그게 바로 네가 나무와 다른 점이야. 그래서 선생님은 너를 나눌 수 없어. 너를 나눌 수 없기 때문에 너는 바로 전체인 거야. 그 전체를 우리는 하나라고 부른단다."

07   이렇게 말한 다음에는 그 "하나"라는 것을 가르치기 위해서 위에서 아래로 줄 하나를 그려줍니다. 칠판에 "I" 모양의 줄을 그려서 온전한 하나라는 말이 무엇을 뜻하는지 이해시키는 겁니다.

08   이제 나무 조각과 그 아동을 비교하는 건 그만두고 다른 이야기를 합니다. "자, 보렴. 넌 한쪽에는 오른손이 있고, 다른 쪽에는 왼손이 있지?" 그리고 아이에게 알려줍니다. "만약에 손이 딱 하나만 있어서 너와 같이 움직인다고 생각해 보렴. 그러면 네가 아무리 움직여도 손은 스스로를   만나지도, 만질 수도 없겠지? 그런데 오른손과 왼손이 있으면 두 손이 서로 잡을 수 있고 만날 수 있어. 이렇게 둘인 손과 혼자 다니는 너는 좀 다르지? 너는 혼자 다니고 그래서 또 다른 널 만날 일이 없으니

까 너는 하나야. 그런데 이 한 손은 이렇게 다른 손을 만날 수 있어. 그러니 이 두 손은 하나가 아니고 둘인 거야. 너는 하나지만, 네 손은 두 개인 거지. 그렇게 둘인 것은 'II'와 같은 모양으로 표시한단다."

09   이런 식으로 여러분은 그 아동이 스스로 전체로서의 '하나'(Einheit), 그리고 하나와는 다른 '둘'(Zweiheit)이 서로 다르다는 것을 이해하도록 가르칩니다.

10   그런 다음에는 두 번째 아동을 불러낸 다음에 말합니다. "너희가 이렇게 걸어가면 서로 만날 수 있고 만질 수도 있잖아. 그러니 너희들은 둘이란다." 그 다음 또 한 아동을 앞으로 나오게 합니다. 이제 아동의 숫자는 두 손만으로는 설명할 수 없습니다. 그래서 앞에서 한 것처럼 이번에는 칠판에 "III"을 그립니다.

11   이렇게 하면 아동은 자신의 모습에서 수의 개념을 이끌어내게 됩니다. 사람에게서 수가 나오는 셈이죠. 사람은 추상적이지 않고 살아 있는 대상입니다.

12   그 다음에는 "자, 너한테도 둘인 것이 있는데, 뭘까?" 하고 물으면서 아동이 두 다리나 두 발에 주목하도록 합니다. 그런 뒤에 아동에게 말합니다. "그런데 너의 이웃집 강아지는 어때, 다리가 둘밖에 없을까?" 그러면 아동은 이웃집 강아지 다리가 "II II" 모양으로 넷이라는 생각을 하게 됩니다. 그 아동은 결국 자신의 생활 안에 있는 것들에서 숫자를

알아갑니다.

13   그 다음에도 교사가 주변의 모든 것을 잘 살피고 지혜롭게 관찰하는 능력을 발휘하면 좋겠습니다. 이렇게 로마 숫자는 아이들이 자연스럽게 그 모양에서 곧바로 숫자를 생각해낼 수 있으니, 로마 숫자로 숫자 쓰기를 시작하는 것이 좋습니다. 그리고 이제 손을 사용해서 다섯, 즉 "V"로 넘어가기 위해 아이에게 말합니다. "엄지를 접고 이렇게 나머지 손가락을 펴면 이웃집 강아지처럼 'I I I I' 모양이 되지? 거기에 엄지를 펴면 손가락은 다섯, 'V' 모양이 된단다."

14   언젠가 어느 교사가 로마 숫자를 가르치는 모습을 보았습니다. 그런데 하나에서 넷까지 설명한 그 교사는 로마 사람들이 간단히 작대기 다섯 개를 나란히 그려서 다섯을 표시하지 않고 굳이 'V'라고 쓴 이유까지는 생각이 미치지 않은 모양이었습니다. 'IIII'까지는 정말 잘 설명했거든요. 그래서 제가 끼어들었습니다. "자, 손가락 다섯 개를 두 그룹이 되도록 벌려 봅시다. 그러면 로마 숫자 'V'가 만들어집니다. 이렇게 로마 숫자 'V' 안에는 우리 손이 들어 있고, 그러니까 바로 우리 손에서 로마 숫자 'V'가 나왔습니다.

15   이렇게 짧은 세미나 코스 중에는 수업 원리만 설명할 수 밖에 없습니다. 하지만 이런 방법으로 가르치면 아이들은 숫자를 생활에서 직접 이끌어낼 수 있게 됩니다. 그렇게 아이들로 하여금 숫자를 직접 생활에서 이끌어내도록 했다면, 이제 그 숫자를 이용해서 숫자 세기를 하

나하나 가르칠 수 있습니다. 물론 숫자를 세는 방법도 아이들의 생활과 상관없는 것이 아닌 게 되도록 가르쳐야 합니다. 그래서 아이들에게 "얘들아, 이제 숫자를 차례대로 말해 볼까? 1, 2, 3, 4, 5, 6, 7, 8, 9, 이렇게 말이야." 하고 말하기 전에 먼저 리듬을 사용하도록 이끕니다. 1에서 2로 넘어갈 때는 "하나, 둘! 하나, 둘! 하나, 둘!" 하는 식으로 발을 구르면서 숫자를 리듬에 실어 말하게 합니다. 이때 "둘"에서 발을 더 세게 구르게 합니다. 3으로 넘어갈 때도 "하나, 둘, 셋! 하나, 둘, 셋!" 하고 리듬에 맞춰 말하게 합니다. 이런 방식으로 숫자의 행렬에 리듬을 더하면, 아이들은 숫자 전체를 한 덩어리로 파악할 수 있습니다. 그리고 수의 본질을 통해서 숫자들을 자연스럽게 배우게 됩니다.

––––––––––

16 　사람들은 보통 어느 숫자에 하나를 더해 나가면서 스스로 새로운 숫자들을 고안해낸다고 생각합니다. 하지만 그건 전혀 사실이 아닙니다. 숫자를 세는 것은 머리가 아닙니다. 일상생활에서 사람들은 우리의 머리가 이 지상의 삶에 얼마나 쓸모없는 기이한 기관인지 전혀 눈치채지 못 합니다. 머리는 사실 다른 사람들이 보고 좋아하라고 있는 장식품입니다. 그런 용도 말고도 몇 가지 긍정적인 역할을 하지만, 사실 머리는 우리의 갖가지 정신 활동에는 그다지 관여하지 않습니다. 왜냐하면 자기 안에 담긴 정신적인 것은 모두 이전의 지상적 삶에서 온 것이기 때문입니다. 그러니까 이전의 지상적 삶이 형태만 달라진 것이 바로 머리입니다. 그래서 머리의 유일한 존재 이유는 그것이 이전의 지상적 삶을 좀 안다는 것입니다. 그 용도 말고 머리에서 나오는 것은 없습니다.

우리가 수를 셀 때 실제로는 잠재의식 안에서 손가락에 의존합니다. 1에서 10까지는 손가락에, 그리고 11, 12, 13, 14는 발가락에 의존합니다. 겉으로 드러나지는 않지만, 20까지의 숫자를 셀 때는 실제로 그렇습니다. 몸에서 이루어지는 이런 과정이 머리에 되비치는 것입니다. 머리는 몸이 하는 모든 활동을 바라볼 따름입니다. 그러니까 머리는 몸이 하는 일을 되비치는 도구에 지나지 않습니다. 수를 세고 생각하는 주체는 몸이고, 머리는 그런 행위를 보는 관찰자일 뿐입니다.

17   그런 머리와 아주 유사한 것이 있습니다. 운전사가 있는 자동차를 타면 여러분은 편안하게 앉아서 아무것도 하지 않습니다. 고생스러운 모든 일은 앞에 앉은 운전사가 하고, 여러분은 편안하게 앉아서 세상 구경만 합니다. 머리도 마찬가지입니다. 머리는 몸통에 붙어서 아무것도 안 하고 몸이 가는 대로 다니면서 편하게 세상을 구경하고 다닙니다. 정신의 활동 안에서 이루어지는 일은 모두 몸의 작용입니다. 수학도 몸을 통해서 이루어지고 생각도 몸에 의해 이루어지며 감각도 몸에 의해 이루어집니다. 계산은 머리가 한다는 착각에서 나온 물건이 계산기입니다. 계산기로 아이들에게 셈을 가르친다면, 그것은 우리가 머리를 써서 뭔가를 하면 머리가 다시 몸을 동원하고 따라서 결국 우리가 하는 모든 일은 머리가 한다고 여기는 것과 마찬가지입니다. 이런 입장에서는 몸이 계산을 한다는 사실을 전혀 고려하지 않습니다. 몸이 계산을 한다는 것은 아주 중요한 사실입니다. 그러므로 아이들에게 손가락, 그리고 발가락까지 사용해서 숫자를 세도록 하는 것이 옳습니다. 아이들의 근육이 섬세하게 움직이도록 자극하는 데도 대단히 좋은 방법입니다.

몸의 모든 부분을 아주 능숙하게 사용하게 되는 것처럼 좋은 일은 없습니다! 스포츠로는 그렇게 될 수 없습니다. 스포츠란 원래 그런 목적에는 전혀 맞지 않습니다. 예를 들어 엄지발가락과 둘째발가락 사이에 분필을 끼우고 숫자를 쓰도록 하면 섬세한 움직임을 배우게 됩니다. 그런 활동은 사람의 전신에 진정으로 영혼과 정신이 스며들게 하기 때문에 의미가 있습니다. 머리는 말하자면 자동차에 기대어 앉아 아무것도 하지 않는 사람인 반면에 몸은 자동차를 움직이는 운전사입니다. 그리고 모든 일은 운전사가 하는 것이죠.

18   그러므로 우리는 아이들이 숫자 세는 법을 배울 때 최대한 다양한 재료를 제공해야 합니다. 일정한 시간 동안 숫자를 가르친 다음에는 어느 숫자에 1을 더해 나가는 식으로 수를 알아가는 평범한 방법과는 다른 방법을 사용해야 합니다. 그래서 아이에게 이런 식으로 말하는 겁니다. "자, 여기 하나가 있지? 이걸 잘라 보자(그림 참조). 그러면 둘이 되지? 어떤 것 옆에 하나를 더 놓아서 둘이 된 것이 아니라 하나에서 둘이 생긴 것이란다. 그리고 이제 하나가 셋이 된다(그림 참조)." 이런 방법으로 우리는 하나란 것 안에 둘, 셋, 넷 등이 포함되어 있다는 사실을 깨닫게 할 수 있습니다. 이렇게 1, 2, 3, 4 같은 숫자를 배우면 (도해 참조) 아이는 살아 있는 숫자 개념을 갖게 됩니다. 그러면 아동에게는 수의 개념이 내적으로 스며듭니다.

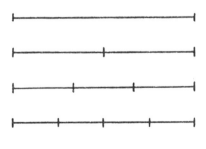

19   고대 어느 시기의 사람들은 우리처럼 콩알을 하나씩 더하거나 계산기의 쇠구슬을 하나씩 더하는 식의 숫자 세기 개념을 갖고 있지 않았습니다. 그 대신 그들은 이렇게 말했지요. "1은 가장 큰 수다. 2는 1의 절반이 모인 것이고 그 다음 숫자도 마찬가지다." 이렇게 생각하면 우리는 숫자 세기의 본질을 명료하게, 즉 눈에 보이는 사물로 이해하게 됩니다. 우리는 아동의 사고가 늘 추상적인 것을 멀리하고 눈에 보이는 사물에서 계발되도록 가르쳐야 합니다.

20   그렇게 하면 아이들은 수의 진행을 파악하여 어느 정도까지 셀 수 있게 되어, 우선 20까지 그리고 나중에는 100까지의 수를 이해하게 됩니다. 그 다음에는 같은 방법으로 계속해서 아이들로 하여금 살아 있는 방법으로 숫자 세기를 배우도록 하는 게 좋습니다. 계산이 아니라 먼저 수 세는 방법을 제대로 배워야 한다는 것을 강조하고 싶습니다. 제대로 계산에 들어가기 전에 수 세기를 할 수 있어야 합니다.

21   이렇게 숫자 세는 법을 가르친 다음에는 셈하기로 들어갑니다. 계산 역시 살아 있는 것에서 이끌어내도록 해야 합니다. 살아 있는 것은 하나의 전체(ein Ganzes)이며, 그것은 온전한 전체로 주어집니다. 부분들이 합쳐져서 전체가 되는 것으로 생각하도록 유도한다면 바람직하지 않습니다. 먼저 전체를 본 뒤에 그것을 부분으로 나누도록 가르쳐야 합니다. 전체를 관찰한 뒤에 부분으로 나누도록 유도하면 아이는 생명이 있는 것을 지향하게 됩니다.

22   우리가 알아채지 못하는 사이에 이 물질주의 시대는 인류 문화의 많은 것을 바꾸어 놓았습니다. 요새 어른들은 아이가 블록 조각을 끼우거나 작은 돌맹이로 집짓기 놀이를 하는 것을 보아도 당연한 듯 별다른 거부감 없이 그대로 둡니다. 그런 놀이는 근본적으로 살아 있는 것으로부터 아이들을 떼어 놓습니다. 아이들의 본성에는 조각난 것을 합쳐서 전체를 만들려는 욕구가 없습니다. 아이는 조각난 것에서 전체를 만들려는 욕구 말고, 그것보다 더 불편한 다른 욕구들을 많이 가지고 있습니다. 혹시 누군가 시계를 아이 손에 쥐여주면 아이의 욕구는 즉시 그것을 분해하고 싶어합니다. 전체를 부분으로 조각내려 하는 겁니다. 그렇게 전체가 부분으로 나뉘는 모습을 확인하는 것이 오히려 사람의 본성에 일치합니다.

23   계산을 가르치는 수업에서도 그 점을 고려해야 합니다. 그런 본성이 문화 전반에 영향을 미친다는 사실을 다음과 같은 예에서도 알 수 있습니다.

24   13, 14세기가 될 때까지 인류는 부분을 합쳐 전체를 만들어내는 사고방식에 별다른 관심이 없었습니다. 그런 사고방식은 그보다 나중에 생겼습니다. 건축가들은 부분을 모아 전체를 짜맞추기보다는 먼저 전체를 생각하고 그것을 기초로 전체를 부분으로 나누는 방식으로 집을 지었습니다. 부분을 합쳐서 전체를 만들어낸다는 사고가 인류 문명에 들어온 것은 훨씬 뒤의 일입니다. 그런 사고가 들어오면서 비로소 인류는 작은 부분을 합친다는 생각을 하게 되었습니다. 물리학에 원자 이

론이 들어온 것도 그 결과였습니다. 그런 사고방식도 오로지 교육의 영향입니다. 교육을 통해서 부분을 짜 맞추어 전체를 만들어내는 것에 익숙해지지 않았다면, 우리의 고명하신 식자들께서도 저 작디작은 악마 그림들, 예, 그것들은 정말 악마를 그린 것처럼 보이지요, 그러니까 그 원자라는 것들을 생각하게 되지는 않았을 것입니다. 그런 교육의 결과로 원자론이란 것이 생겼습니다. 오늘날 원자론이 비판을 받습니다만, 그런 비판들은 쓸데없는 소리에 지나지 않습니다. 왜냐하면 사람들은 지난 4, 5백 년 간 이미 익숙해져 있는 사고, 곧 전체에서 출발해서 부분으로 들어가는 대신 부분에서 출발해서 전체를 향하는 사고를 벗어나지 않을 것이기 때문입니다.

25   그 점이 계산 수업에서 언급해야 하는 내용입니다. 여러분이 멀리 있는 숲을 향해서 간다면, 먼저 여러분 눈에 들어오는 것은 숲이고, 가까이 다가가서야 비로소 나무 한 그루 한 그루가 보일 것입니다. 계산을 가르칠 때도 마찬가지입니다. 예를 들어 여러분은 지갑에 "1, 2, 3, 4, 5"라는 숫자가 아니라 동전 한 줌을 가지고 있고, 그걸 다 합쳐 "5"라는 액수의 돈이 있는 것이지요. 그 5라는 액수가 바로 전체이고, 여러분이 가진 것은 무엇보다 그 액수의 돈입니다. 여러분이 완두콩 수프를 끓이는 경우에도 "1, 2, 3, 4, 5……, 30……, 40개의 완두콩"이 아니라 완두콩 '한 줌'을 끓입니다. 사과가 있다고 말할 때에도 "1, 2, 3, 4, 5, 6, 7개가 있다."고 하지 않고 "사과 한 바구니가 있다."고 말합니다. 여러분이 가지고 있는 것은 '전체'입니다. 우리의 관심사는 "사과가 얼마나 있는가?"이며, 따라서 우리가 지금 가지고 있는 것은 "한 바구니의 사과"

입니다(그림 참조). 이제 그 사과 한 무더기를 가지고 집으로 돌아갑니다. 집에는 세 아이가 있습니다. 우리는 모든 아이에게 똑같은 양이 돌아가도록 사과를 나누려고는 하지 않습니다. 한 아이는 어리고 다른 아이는 더 클 테니까요. 그래서 큰 아이에게는 많이 주고 작은 아이에게는 그보다 적게 줍니다. 어쨌든 사과 한 무더기를 셋으로 나눕니다.

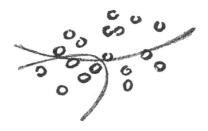

26　　　그런데 무엇인가를 나누는 일이라면 귀담아들을 만한 이야기가 있습니다! 옛날에 어느 엄마가 커다란 빵 한 덩어리를 들고 이름이 하인리히인 아들에게 말했습니다. "자, 빵을 나눠 보거라. 그런데 그리스도교 신자답게 나눠야 한다." 그러자 하인리히가 물었습니다. "그리스도교 신자답게 나눈다는 게 무슨 뜻인가요?" 엄마가 대답했습니다. "그게 말이다, 한 조각은 작게, 다른 조각은 그보다 크게 잘라서, 큰 조각은 안나 누나에게 주고 작은 조각은 네가 먹는 거야." 그 말을 듣고 하인리히가 말했습니다. "전 안 할래요. 안나 누나한테 그리스도교 신자답게 자르라고 하세요!"

27　　　이런 경우 우리는 조금 다른 개념을 동원해야 합니다. 예를 들어 우리는 사과를 세 무더기로 나누어 한 아이에게 이 부분을(그림의 분할선 참조), 다음 아이에게는 다른 무더기를, 또 다른 아이에게는 또 다

른 무더기를 주는 겁니다. 어떻게 나뉘었는지 확실하게 알 수 있도록 사과 전부를 세어 봅니다. 세는 것이야 아이도 할 수 있죠. 사과는 모두 18개입니다. 자, 그럼 각 사과 무더기를 셉니다. 첫째 아이의 사과는 몇 개인가요? 다섯 개죠. 두 번째 아이는요? 역시 다섯 개입니다. 세 번째 아이는요? 여덟 개입니다.

28   이렇게 저는 사과 무더기 전체에서 시작해서 그것을 세 부분으로 나누었습니다. 수업 시간에 다음과 같이 말하는 경우가 많습니다. "5와 5, 그리고 8을 더해 보거라. 그러면 18이 되지?" 이것은 나누어진 부분에서 시작해서 전체로 가는 방법입니다. 이렇게 하면 아동에게 살아 있는 개념이 아니라 죽은 개념만을 전달할 따름입니다. 이와는 달리 전체, 곧 18에서 시작해서 각각의 피가수(덧셈의 1항, 다른 수가 더해지기 전의 수)를 찾아내면 덧셈이 완성됩니다.

29   다시 말해서 각각의 가수(덧셈의 2항, 피가수에 더해지는 수)와 피가수에서 시작하지 말고 합계, 즉 전체에서 시작해서 그 전체를 이루기 위해 더해진 각 가수를 찾아가야 한다는 것입니다. 그렇게 각 부분으로 쪼개어도 전체는 언제나 그대로 유지됩니다. 흔히들 하듯이 각각의 가수를 먼저 다루고 그 다음에 합계를 다루지 말고 합계를 먼저 제시하고 그 다음에 가수로 옮겨가면, 살아 있는, 살아 움직이는 계산 개념을 가르치게 됩니다. 또한 여러분은 숫자들만이 핵심이 되는 경우에는 전체란 일종의 '불변하는 어떤 것'임을 깨닫게 됩니다. 각각의 피가수와 가수가 아무리 달라져도 말입니다. 이렇게 하면 동일한 전체를 이루는

다양한 가수의 조합이 가능하다는 수의 특성을 잘 보여줄 수 있습니다.

30　　그럼 이제 그 다음 단계로 넘어갑니다. 숫자라고 해도 단순히 숫자로만 있지 않고 숫자가 포함되어 있는 어떤 것, 말하자면 사람 같은 것이라면, 우리는 그걸 여러 방법으로 나누지 못합니다. 예를 들어 몸통과 그것에 붙은 머리, 팔, 발로 이루어진 사람의 몸을 생각해 봅시다. 우리는 그 몸을 임의의 방법으로 나눌 수 없습니다. 우선 발 하나를 잘라내고, 그 다음 팔 하나는 이런 모양으로, 다른 건 또 저런 모양으로 잘라내겠다고 할 수가 없는 겁니다. 몸통은 원래부터 정해진 방법으로 구성되어 있으니까 말입니다.

31　　숫자 계산을 할 때는 그 전체의 구성이 원래부터 정해져 있는 게 아니기 때문에 우리가 원하는 방법으로 나누어 볼 수 있습니다.

32　　그렇게 해야만 실제 생활과 살아 있는 흐름 같은 것을 수업으로 끌어들일 수 있습니다. 모든 탁상공론을 수업에서 배제하면 진정으로 아이들에게 필요한 내용이 수업 안으로 들어오는 게 보입니다. 유치하지 않은, 유익한 유머가 수업에 들어옵니다. 수업에 반드시 있어야 하는 게 그런 유머입니다.

33　　제가 말하는 "유머"를 제대로 이해하시기 바랍니다. 수업에 필요한 유머를 잘못 알고 있는 경우가 정말 많으니까요!

34   여러분은 전체에서 시작해서 부분으로 가는 방법으로 수업을 이끌어야 합니다. 온전히 실제 생활을 바탕으로 다음과 같은 것을 한다고 가정해 봅시다. 엄마가 어린 마리아에게 사과를 사 오라고 시킵니다. 마리아는 가게에서 사과 25개를 받았습니다. 가게 주인이 꼬마 마리에게 준 메모에는 그렇게 써 있습니다. 그런데 마리아가 집으로 가지고 온 사과는 열 개뿐입니다. 이런 일은 생활 속에서 실제로 일어납니다. 사과 25개를 받은 아이가 그 가운데 열 개만을 집으로 가져오는 일 말입니다. 꼬마 마리아는 정직한 아이이므로 집으로 오는 길에 사과를 먹어치우거나 하지 않았습니다. 하지만 어쨌든 마리아는 사과를 열 개만 가져왔습니다. 그런데 또 다른 정직한 누군가가 꼬마 마리아를 뒤따라 오면서 마리아가 흘린 사과를 찾아 가져온다고 해 봅시다. 그러면 "저 사람이 찾아오는 사과는 몇 개일까?" 하는 점이 궁금해집니다. 멀리서 그 사람이 오는 모습이 보이면 몇 개나 찾아오는지 미리 알고 싶어집니다. 자, 꼬마 마리아가 먼저 집에 도착했는데, 사과는 열 개밖에 가지고 있지 않습니다. 사과는 분명히 25개라고 가게 주인이 써주었습니다. 결국 마리아는 15개를 흘렸습니다.

35   보십시오, 여러분은 계산을 한 겁니다. 보통은 이렇게들 하죠. 먼저 무엇인가를 받습니다. 그리고 거기서 얼마를 빼냅니다. 그러면 또 얼마만큼이 남습니다. 하지만 여러분도 동의하시겠지만, 우리 생활 중에는 최초에 받은 것과 나중에 남은 것이 얼마나 되는지 아는 상태에서 중간에 사라진 것이 얼마인지를 찾아내게 됩니다. 그러니까 뺄셈이라는 것을 살아 있는 작업으로 만들려면 피감수(원래의 수)와 나머지를 기

본으로 해서, 감수(빼는 수)가 얼마인지를 찾아야 합니다. 피감수와 감수에서 시작해서 나머지를 찾아내는 것이 아니라는 말입니다. 그런 뺄셈은 죽은 계산법입니다. 피감수와 나머지에서 시작해서 감수를 찾아야 합니다. 그래야 수업이 현실 생활과 연결됩니다.

36   엄마와 꼬마 마리아의 사건을 눈여겨보신다면, 여러분은 감수를 찾는 방법을 알게 됩니다. 마리아는 원래의 수에서 감수만큼을 잃어버린 셈입니다. 그래서 마리아를 뒤따라온 사람이 다가오는 모습을 보고는 그 사람이 찾아오는 사과가 몇 개여야 하는지를 생각하면 됩니다. 그래야 이 뺄셈 전체에 생활이, 진정한 현실 생활이 들어오게 됩니다. 남은 개수만을 물으면 아이의 영혼에는 죽은 계산 개념만 들어가게 됩니다. 여러분은 죽은 것이 아니라 살아 있는 것이 아이에게 들어가도록 언제나 사려 깊게 생각해야 합니다.

37   같은 방식으로 다음 과제로 넘어가 봅시다. 곱셈의 경우 여러분은 이런 질문으로 시작할 수 있습니다. "전체, 즉 곱셈의 결과가 이미 나와 있는 경우, 그것이 어떤 수들의 곱으로 생겼는지는 어떻게 알 수 있을까요?" 이 질문에서 여러분은 벌써 살아 있는 것을 언급합니다. 만일 여러분이 다음처럼 질문한다면, 거기에는 죽은 것밖에 들어 있지 않을 것입니다. "선생님이 여기 한 무리의 사람들을 세 명 단위로 나눕니다. 자, 이제 세 명 단위가 몇이나 있나요?" 이건 살아 있는 것은 아무것도 없는 죽은 수업입니다.

38   그와는 반대로 먼저 전체를 제시하고 그 안에 어떤 집단이 몇 개나 들어 있는지를 묻는다면, 아이들에게 살아 있는 곱셈을 불어넣게 됩니다. 예를 들어 이렇게 말하는 겁니다. "자, 우리 교실에 몇 명이 있는지 함께 세어 볼까요? 45명이군요. 그럼 선생님이 전체 숫자에서 5라는 숫자를 찾아서 그만큼씩 묶습니다. 그러면 45 안에는 5가 몇이나 들어 있을까요?" 이번에도 부분이 아니라 전체에서 시작한다는 걸 알 수 있습니다. 처음 제시한 5 말고 전체 안에 다섯씩 묶인 집단이 몇이나 들어 있는가를 묻는 겁니다. 그러면 다섯씩 묶인 집단은 여덟이 나옵니다. 결국 곱셈을 거꾸로 하는 거지요. 적수(Produkt), 즉 곱셈을 해서 나온 수인 전체에서 시작해서 거꾸로 그 안에 포함되어 있는 인수(Faktor)를 찾습니다. 이런 방법으로 셈법들을 살아 있는 것으로 만들고 무엇보다 명료하게 보이는 것에서 시작하도록 합니다. 이때 중요한 것은 우리의 사고가 명료하게 보이는 것에서 절대로, 절대로 분리되지 않도록 해야 한다는 것입니다. 사고가 현실에서 분리되면, 우리는 아이가 주지주의와 추상화에 휘둘리도록 만들어 그 아이를 완전히 망치는 겁니다. 다시 말하면, 그런 식으로 하는 수업은 무미건조해지고, 결국 정신과 영혼과 신체를 양육한다면서 아이의 신체에 일종의 건조화, 즉 경화증을 초래하고 맙니다.

39   다시 말하지만, 중요한 것은 이 시간에 보여드린 방법으로 계산을 가르쳐야 아이가 나이가 들어도 몸이 굳지 않고 움직임에 불편이 없게 된다는 것입니다. 제가 보여드린 것처럼 사람의 몸으로 숫자를 가르치면, 즉 계산기가 아니라 손가락으로 1, 2, 3, 4, 5, 6, 7, 8, 9, 10, 그리

고 발가락까지 동원해서 그보다 큰 수에 익숙해지도록 가르치면, 아이들은 손가락과 발가락을 사용해서 수를 세는 동안 자신의 손가락과 발가락에 대해 조용히 생각하게 되고, 그렇게 자신의 몸에 대해 건강하게 명상하는 가운데 생명이 아이들의 몸 안으로 들어갑니다. 그런 아이들은 온몸으로 숫자를 배웠기 때문에 나이가 들어도 몸이 굳지 않아 유연성을 유지하게 됩니다. 몸의 여러 부분과 기관들을 사용해서 생각하지 않고 오로지 머리로 사고하는 사람은 건강한 몸을 유지하지 못하고, 나이가 들면서 통풍을 얻게 됩니다.

―――――――

40   요즘 자주 언급되는 "실물 수업"(Anschauungsunterricht)과는 다른, 명료함을 기반으로 교육하고 수업을 구성하는 방법을 설명하겠습니다. 이를 위해서 저는 실제 수업에서 아주 중요한 도움이 될 특별한 것을 예로 들려 합니다. 그것은 바로 피타고라스 정리입니다. 아마도 여러분 모두 알고 있고 수업에서 다루는 내용일 것입니다. 여러분도 비슷한 식으로 그 정리를 들여다보았을 테지만, 이 자리에서 한번 다루어 보려 합니다. 피타고라스 정리는 사실 수업에서 기하학의 최종 목표로 삼을 수도 있는 내용입니다. 기하학의 구조를 이렇게 표현하는 사람도 있을 것입니다. "기하학의 내용을 구성할 때 그 정상에 '직각삼각형에서 빗변의 제곱은 다른 두 변의 제곱의 합과 같다'는 피타고라스의 정리를 둘 수도 있다. 그만큼 이 정리는 들여다볼수록 놀라운 법칙이다."

41   언젠가 저는 나이는 많지만 기하학을 몹시 배우고 싶어하는 어

느 부인에게 기하학을 가르치게 되었습니다. 배운 것을 모두 잊어버려서 그랬는지, 그 당시 사정 때문이었는지, 그분은 여학교에서 별로 많이 배우지 못한 모양으로, 기하학을 잘 몰랐습니다. 그분에게 기하학을 가르치기 시작하면서 저는 피타고라스 정리를 수업 진행의 최정상에 두었습니다. 부인은 피타고라스 정리에 너무나 놀랐습니다. 그렇게 피타고라스 정리에 놀라는 것은 드문 일이 아닙니다. 그건 정말 그럴 수밖에 없습니다. 여기 직각삼각형이 있습니다(도형 참조). 직각삼각형의 빗변을 한 변으로 하는 정사각형의 면적은 다른 두 변을 각각 한 변으로 하는 두 정사각형의 면적의 합과 같습니다.

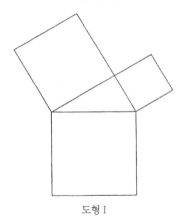

도형 I

앞의 면적을 가진 땅에 일정한 간격으로 감자를 심으면, 뒤의 두 곳에 동일한 간격으로 심은 감자와 같은 분량이 된다는 것입니다. 이건 분명 놀라운 사실이지만, 이렇게만 보면 우리는 그 놀라운 내용을 파악할 수가 없습니다.

42   그리고 우리는 그 정리의 놀라움을 알아볼 수 없다는 사실을

수업에서 영혼에 내적인 생기를 불어넣기 위해 사용해야 합니다. 먼저 피타고라스 정리에서 완전히 들여다보이지 않는 내용이 있다는 사실을 인정하는 것에서 출발해야 합니다. 이렇게 생각할 수도 있습니다. 피타고라스 정리를 믿을 수 있지만, 그 믿음은 언제든 다시 사라질 수도 있다고 말입니다. 그래서 언제든 다시 빗변의 제곱이 다른 두 변의 제곱의 합과 같다는 사실을 믿어야 합니다.

43   이 정리는 여러 가지 방법으로 증명할 수 있습니다. 그리고 그런 증명은 아주 명료하게 보이도록 제시되어야 합니다. 이등변삼각형이라면 그 증명은 간단합니다. 이 직각이등변삼각형(도형 II 참조)을 보면,

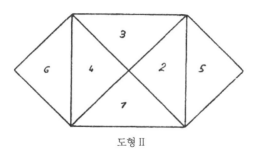

도형 II

직각에 이어지는 두 변이 있고, 또 빗변이 있습니다. 여기 주황색으로 그린 것(1, 2, 3, 4)은 빗변을 한 변으로 하는 정사각형입니다. 여기 파란색으로 그린 것(2와 5, 4와 6)은 직각에 이어지는 두 변에서 만들어진 정사각형입니다. 그리고 파란색으로 그린 두 면(2와 5, 4와 6)에 일정한 간격으로 감자를 심으면, 주황색으로 그린 면(1, 2, 3, 4)에 일정한 간격으로 심었을 때와 같은 양의 감자를 수확할 것입니다. 주황색 면은 빗변을 한 변으로 하는 정사각형이고, 파란색으로 그린 두 면(2와 5, 4와 6)

은 직각에 접하는 각 변을 한 변으로 하는 정사각형들입니다.

44   자, 이제 여러분은 이 피타고라스의 정리를 다음과 같이 아주 간단한 방법으로 증명할 수 있습니다. 파란색 두 면의 두 조각(2, 4)은 빗변으로 만든 정사각형에 들어갑니다. 이것(5)은 여기(3)에 올릴 수 있습니다. 전체를 잘라 이 조각(6)을 여기(1)에 올리면 끝납니다. 이렇게 직각이등변삼각형의 경우에는 피타고라스 정리가 일목요연하게 눈에 들어옵니다. 그런데 직각이등변삼각형이 아니고 직각에 접한 두 변이 서로 길이가 다른 경우에는(도형 I처럼) 다음과 같이 다른 방법으로 증명합니다. 다시 직각삼각형을 그립니다(도형 III: ABC). 여기에 빗변을 한 변으로 하는 정사각형 ABCD를 그립니다.

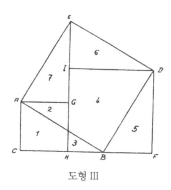

도형 III

그런 다음 그림처럼 삼각형 ABC와 BDF를 그립니다. 그리고 서로 같은 삼각형 ABC와 BDF를 다시 한 번 여기에 AEG로 그립니다. 이렇게 이 삼각형이 다시 여기에 생기면, 여기 이 변 위에 **빨간색 정사각형 CAGH**를 그릴 수 있습니다. 제가 빨간색으로 그린 것은 직각에 접한 한 변을 변으로 하는 정사각형입니다.

45   이제 여기 보시는 것처럼 여기에 삼각형 DEI를 그립니다. 여기에도 같은 삼각형이 하나 있습니다. 그런 다음 여기 녹색으로 다른 변을 한 변으로 하는 정사각형 DIHF를 그립니다. 이렇게 두 변을 각기 한 변으로 하는 정사각형이 두 개 생겼습니다. 한 변 AG와 다른 변 DI를 사용한 정사각형들입니다. 여기 이 삼각형(AEG)과 여기 이 삼각형(DEI)은 동일한 삼각형, 즉 '합동'입니다. 빗변에 접한 정사각형은 어디에 있을까요? 그 정사각형 ABDE는 잘 구별되도록 보라색으로 그리겠습니다. 이것이 빗변에 접한 정사각형입니다. 이제 제가 직접 그림 위에 표시하겠는데요, 빨간색(1, 2)과 녹색(3, 4, 5)을 합치면 보라색(2, 4, 6, 7)이 됩니다.

46   자, 이제 보시는 것처럼, 여기 빨간 정사각형(1, 2)이 있습니다. 두 정사각형은 겹치는 부분(2)이 있습니다. 이제 녹색 정사각형(4)도 여기 들어갑니다. 그리고 여기 보이는 이 도형(2, 4)은 바로 보라색 정사각형 ABDE의 한 조각입니다. 보라색 정사각형 ABDE에 포함되는 것이 빨간색 정사각형의 한 부분(2)입니다. 남은 것은 여기 이 뾰족한 부분(1)뿐입니다. 그건 아직 어디에도 들어가지 않았습니다. 그런데 이 도형에는 녹색 정사각형의 뾰족한 부분(4)이 포함됩니다. 이제 남은 것(1, 3, 5)만 찾아 넣으면 됩니다.

47   이제 남은 것은 빨간색 정사각형의 한 조각(1), 녹색 정사각형의 한 조각(3), 그리고 녹색 정사각형 DIHF에 속하기도 하는 여기 이 삼각형 전체(5)뿐입니다. 여기 남은 것을 이렇게 옮겨 봅시다. 여기 남

아 있는 것(5)을 여기(6)에 넣습니다. 여전히 남아 있는 뾰족한 것(1, 3)을 잘라내면, 이 두 면(1, 3)은 이 면(7)에 들어간다는 것을 알 수 있습니다. 이것보다 더 확실히 눈에 들어오도록 그릴 수도 있겠지만, 이 정도로도 여러분은 충분히 이 정리를 꿰뚫어 보시리라고 생각합니다. 이제 남은 문제는 이런 내용을 말로 얼마나 더 정확하게 설명하느냐는 것입니다. 이렇게 면들을 겹쳐 놓는 방식으로 여러분은 피타고라스 정리가 참이라는 것을 보여주었습니다. 면을 겹쳐 놓는 방법을 동원하면 이렇게 중요한 사실을 찾아낼 수 있습니다. 그림을 그리는 대신 잘라내는 방법이 문제를 훨씬 일목요연하게 드러나게 합니다. 그렇기는 하지만 시간이 지난 뒤에 이 방법을 사용하려 하면 제대로 생각이 나지 않을 수도 있습니다. 그럴 때마다 여러분은 다시 방법을 찾아야 합니다. 이 방법을 완전히 외우기가 어려워서 매번 처음부터 다시 방법을 찾아내어야 할지도 모르지만, 그래도 괜찮습니다. 그렇게 된다면 그건 오히려 바람직한 일입니다. 그런 노력이야말로 피타고라스 정리에 어울리는 일입니다. 매번 새로 시작하는 것처럼 해 보아야 합니다. 그 정리에 대한 이해를 매번 잊어버리는 것이 좋습니다. 그래야 피타고라스 정리를 이해하고는 다시금 깜짝 놀랄 것이고, 그런 과정을 통해서 여러분은 살아 있는 지식을 얻게 되니 말입니다. 아이들이 이 방법을 되풀이하도록 시키는 과정에서 여러분은 학생들이 선뜻 답을 알아내지 못하고 주저하는 모습을 보게 될 것입니다. 아이들은 금세 이해하지 못하고 매번 곰곰이 생각할 것입니다. 하지만 그것이야말로 피타고라스 정리 안에 담긴 내적인 생동감에 일치하는 것입니다. 아이들이 피타고라스의 정리를 아무런 감동도 없이 판에 박은 듯 이해하고 증명한다면, 그건 전혀 좋은 일이 아닙니다. 매번 증명하는 방법을 잊어버려서 처음부터 다시 찾아내는 것이 훨씬 바람직합니다. 그게 바로 뭔가 특별한 그것, 즉 빗변의 제곱이 다른 두 변의 제곱의 합과 같다는 것을 알고 놀라는 사람의 태도입니다.

48   여러분은 만 11세나 12세가 된 아이들에게 기하학 시간에 면적을 비교하는 방법으로 피타고라스 정리를 설명할 수 있습니다. 그 정리를 이해하면 학생들은 엄청나게 좋아하고 또 더 알고 싶은 열정을 갖게 됩니다. 그런 기하학 수업은 그만큼 재미있습니다. 종이를 잘라서 증명하는 방법을 보여주면 아이들은 몇 번이고 따라하려고 합니다. 그 과정을 잘 외우고 있다가 언제든 별다른 어려움 없이 정리를 증명하는 머리 좋은 소수의 바보들도 있을 것입니다. 하지만 더 지혜로운 대부분의 아이들은 종이를 잘못 자르기도 하고 방법을 몰라 주저주저하다가 결국 제대로 된 증명 방법에 도달할 것입니다. 그런 상태야말로 피타고라스 정리에 담긴 놀라운 사실에 잘 어울립니다. 그리고 아이들은 그 놀라운 사실에서 벗어나지 말고 그 안에 머물러 있어야 합니다.

여섯 번째 강연

1924년 8월 18일

01   우리는 지난번의 내용에 이어지는 몇 가지 방법론적인 문제를 이야기하려 합니다. 한 가지 미리 언급하고 싶은 것이 있습니다. 당연한 얘기겠지만, 이곳에서 진행되는 몇 회 안 되는 강연에서는 교육학과 연관된 세부적인 내용으로 들어가지 않고 원칙론들만 다룰 수밖에 없다는 사실입니다. 여러분은 나중에 발도르프 학교 교사세미나과정을 공부하게 될 것이므로 여기서는 맛보기 정도로만 들으시는 것을 이해해주시기 바랍니다.

---

02   다시 한번 말씀드리지만, 우리는 이갈이 시기와 사춘기 사이의 아이들을 제대로 관찰해야 하고, 이갈이 이전 시기에는 전체적으로 유전된 특성들이 아이를 지배한다는 사실을 분명히 알고 있어야 합니다. 흔히 하는 말로 자녀는 어머니와 아버지에게서 하나의 모델체를 받았는데, 그것을 이갈이 때까지는 완전히 던져버리게 됩니다. 아이가 받은 모델체는 생후 7년 동안 새로운 몸으로 대체됩니다. 이갈이는 이렇게 영혼적인 것과 정신적인 것이 작동하여 새로운 몸으로 대체되는 과정의 외적 표현일 따름입니다. 이미 말씀드린 것처럼, 영혼적이고 정신적인 것이 강하면 경우에 따라 아이가 이갈이 시기에서 사춘기 사이에 학교를 다니는 동안 이전에 원래 지녔던 특성과는 완전히 다른 특성을 가진 아이로 바뀔 수도 있습니다. 개별성(Individualität)이 약한 경우에는

유전적으로 물려받은 특징에 아주 가까운 무엇인가가 드러납니다. 그리고 아이가 초등학교를 다닐 때까지는 부모나 조부모와 속속들이 닮은 모습을 보게 될 것입니다.

03   여기서 우리는 원칙적으로 이갈이와 함께 처음으로 그 사람의 에테르체가 자립적으로 움직이기 시작한다는 것을 분명히 알아야 합니다. 생후 첫 번째 7년간 에테르체는 자립적으로 할 수 있는 모든 활동을 하는데, 이는 물질로 된 두 번째 몸을 제대로 형성해 내기 위한 것입니다. 그렇게 함으로써 이 에테르체는 첫 7년 동안 아이 안에서 활발한 내적 예술가가 되어 조각가, 조형가 노릇을 합니다. 에테르체가 물질의 신체에 끼치는 이런 조형적인 능력은 만 7세가 되는 해에 이갈이와 함께 해방되어 아이로 하여금 영혼적으로 활동하게 합니다.

04   그래서 아이는 여러 형상을 만들거나 그림을 그리고 싶어하는 욕구를 느낍니다. 그러니까 에테르체는 생후 첫 7년 동안 물질체에 무엇인가 형체를 만들거나 그립니다. 그런 다음에는 물질체에 대해 할 수 있는 일이 아주 없거나 조금밖에 없게 되기 때문에, 에테르체의 작용은 이제 바깥을 향하게 됩니다. 교사인 여러분이 사람의 신체기관이 어떤 모양들로 되어 있는지 잘 아신다면, 또 그런 까닭에 아이가 조형적인 재료로 무엇인가를 만들거나 색색의 그림을 그리기를 좋아한다는 것을 잘 아신다면, 여러분은 아이를 제대로 인도할 수 있습니다. 물론 여러분 자신이 사람의 신체기관에 관해 일종의 예술가적인 안목이 있어야 합니다. 그래서 사범대학의 교육에서 그런 것을 다루지 않는 오늘날에는

교사들 스스로가 조형 작업을 해 볼 필요가 있습니다. 허파나 간, 복잡하게 얽힌 인체 장기의 구조를 많이 배우는 것은 왁스나 점토로 장기 모형을 한번 만들어 보는 것보다 못합니다. 그렇게 직접 만들어 보면 그것들에 대해서 갑자기 새로운 것을 알게 됩니다. 폐의 모형은 양쪽을 서로 다른 모양으로 만들어야 합니다. 양쪽이 완전한 대칭을 이루지 않기 때문이죠. 한쪽이 분명 두 부분으로 나뉘는 것과는 달리, 다른 쪽은 세 부분으로 이루어져 있습니다. 그렇게 모형을 만들면서 배우기 전에는 어느 쪽이 오른쪽이고 어느 쪽이 왼쪽인지 계속 잊어버립니다. 대칭이 안 되는 이 독특한 장기를 왁스나 점토로 만드는 경험을 한 뒤에는 절대로 좌우를 헷갈리지 않을 것 같은 느낌이 듭니다. 심장을 오른쪽에 있는 것으로 생각하지 않는 것만큼이나 확실한 느낌이 드는 겁니다. 게다가 그 모형이 실제로 몸 안에 들어 있는 듯한 느낌도 생깁니다. 허파의 모형을 제대로 만들면, 그것이 점점 올바른 위치에 들어가서 사람이 걷는 상태에서 수직으로 자리를 잡는 것 같은 느낌을 받는 것입니다. 여러 동물의 허파 모형들을 만들어 보면 동물의 폐는 수평으로 자리잡고 있다는 것을 알게 됩니다. 다른 장기들도 마찬가지입니다.

05   그런 까닭에 여러분은 실제 조형 활동과 함께 해부학에 빠져 보아야 합니다. 그래야 인체를 그저 흉내 내는 것이 아니라 아이들로 하여금 장기의 형태들을 만들거나 그리도록 할 수 있습니다. 그러면 여러분은 아이들이 인체 기관의 내부를 닮은 형태들을 만들고 싶어하는 욕구가 있음을 알아보게 됩니다. 그렇게 수업을 진행하다 보면 아주 색다른 경험도 하게 될 것입니다.

06   발도르프 학교에서는 너무나 당연한 그런 방법을 우리는 4, 5, 6, 7학년의 사람에 관한 수업에 전반적으로 적용했습니다. 우리 학교에서는 아이들이 처음부터 그림을 그리고, 일정한 학년부터는 조소 작업을 병행합니다. 참 흥미롭게도, 사람의 허파나 다른 장기에 대해 설명해 주면 아이들은 스스로 나서서 그 모형들을 만들어 보려고 합니다. 아이들이 자신이 지닌 사람의 본성에서 우러나서 그런 것들을 만드는 모습은 대단히 흥미롭습니다. 그러므로 여러분 자신도 그런 조형 작업의 방법을 받아들여서 왁스나 조형용 점토, 아니면 아이들이 흔히 사용하는 진흙 등 인체 장기 모형을 제대로 만들 수 있는 재료를 찾아내는 것이 중요합니다. 다른 재료를 구하기 어려우면 바깥에서 쉽게 얻을 수 있는 진흙도 아주 훌륭한 재료가 됩니다.

07   조형 작업이나 그림 그리기는 내면의 욕구, 곧 에테르체가 내적으로 동경하는 것입니다. 그래서 사람에 대한 제대로 된 지식을 바탕으로 수업을 꾸민다면 우리는 그 욕구나 동경을 쉽게 행동으로 옮길 수 있고, 그렇게 되면 아이들이 그리고 만드는 것들의 형태로부터 갖가지 철자들을 이끌어낼 수 있습니다. 이런 방법은 앞에서 언급한 단계에서 적용해서 실행해야 합니다.

08   이제 이야기를 계속해 봅니다. 사람을 구성하는 것으로는 물질체, 만 7세가 될 때 해방되어 자유롭게 되는 에테르체, 그리고 아스트랄체와 자아체가 있습니다. 그렇다면 만 7세에서 14세까지의 아이에게서 아스트랄체는 어떤 상태일까요? 아스트랄체가 완전히 활동하게 되

는 것은 사춘기가 되어서입니다. 그 시기가 되어서야 그것은 비로소 사람 몸안에 완전히 자리잡습니다. 그런데 에테르체가 태어나서부터 이갈이 사이에 어느 정도 물질체에서 빠져 나와서 자립적으로 되는 동안, 사람은 만 7세에서 14세 사이에 점차로 아스트랄체를 끌어당기게 됩니다. 그래서 아스트랄체가 느슨하게 곁에 있지 않고 물질체와 에테르체 안으로 완전히 스며들 때, 그 사람은 성적 성숙이 이루어지는 사춘기에 도달합니다.

09   변성기가 온 남학생을 보면 아스트랄체가 후두까지 온전히 도달했음을 알 수 있습니다. 여학생들의 경우에는 가슴을 비롯한 여러 기관이 성숙하는 모습을 보고 아스트랄체가 이제 완전히 들어갔음을 알게 됩니다. 아스트랄체는 서서히 사람의 몸 안의 모든 부분에 스며들어 갑니다.

10   아스트랄체가 움직이는 경로와 방향은 바로 신경다발입니다. 신경다발을 따라서 바깥쪽에서 안쪽으로 움직이는 것이지요. 가장 바깥쪽의 피부에서 모이기 시작해서 점점 안쪽으로 들어가서 몸 전체를 채웁니다. 그렇게 되기 전에 그것은 흐릿한 구름처럼 아이를 둘러싸고 있습니다. 그러다가 농도가 짙어지면서 내부의 모든 장기로 들어가 장기, 물질체 조직, 에테르 조직들과 화학적으로 결합한다고 대략 설명할 수 있습니다.

11   그런데 이때 특별한 일이 일어납니다. 아스트랄체가 몸의 가장자리에서 내부로 침투해 들어갈 때, 그것은 신경들을 향해 움직여서 척추에 모입니다(그림 참조). 아스트랄체는 여기 위쪽의 머리를 향해서 천천히 움직여, 중추신경과 척수를 타고 뇌 속으로 기어 올라갑니다. 그렇게 점차로 더 깊이 안으로 들어가서 온몸을 채우게 됩니다.

12   여기서 특히 눈여겨보아야 할 것은 호흡과 전체 신경체계가 서로 협력하는 방식입니다. 실제로 이 호흡과 전체 신경체계의 협력은 사람의 기관 안에서 일어나는 아주 특별한 기능입니다. 이 기능에 대해서 교사와 양육자는 대단히 섬세한 감각을 가져야 합니다. 그런 섬세한 감각을 가진 사람이라야 수업을 제대로 진행할 수 있습니다. 그 기능은 이렇습니다. 우리가 들이마신 공기는 몸안으로 들어가 몸안에서 퍼지면서 척수관을 타고 위로 올라가고(그림 참조), 곧 뇌 속에서 퍼집니다. 공기는 그렇게 계속 신경다발을 따라 움직여 다시 아래로 내려와 이산화탄소의 형태로 배출될 수 있는 통로를 따라 움직입니다. 말하자면 우리가

들이마신 공기는 신경조직과 함께 작동하는 가운데 몸안에 퍼지면서 척수관을 통해 위로 올라가고, 다시 아래로 내려와 탄소와 함께 각 기관에 침투했다가 빠진 뒤 호흡을 통해 배출되는 것입니다. 이렇게 신경다발을 따라 움직이는 호흡은 아이가 초등학교를 다니는 시기인 이갈이와 사춘기 사이에 처음으로 아스트랄체 쪽에서 물질체 안으로 완전히 들어가게 됩니다. 그런 식으로 이 시기의 아스트랄체는 호흡에 편승하여 점차로 몸안으로 들어가고, 이를 통해 마치 팽팽하게 줄을 당긴 악기를 연주하듯 척수관 안에서 움직입니다. 우리의 신경은 정말 라이어 같은 악기, 그러니까 뇌까지 울리는 음악을 연주하는 내면의 악기라고 할 수 있습니다.

13   그런 과정은 이미 이갈이 전에 시작되지만, 그때의 아스트랄체는 느슨한 상태입니다. 이갈이가 시작되면서 아스트랄체는 들이쉬는 공기를 이용해서 확실하게 신경다발을 악기처럼 사용합니다.

14   여러분이 아이들에게 음악을 가르치면 이 과정이 촉진됩니다. 그러려면 여러분은 노래를 할 때 아이들이 하나의 악기가 됨을 느낄 수 있어야 합니다. 학급의 아이들에게 노래를 가르치고 음악 수업을 할 때, 여러분은 아이 하나하나가 스스로 악기인 동시에 소리를 내는 쾌감을 내면에서 느낀다는 사실을 확실하게 공감해야 합니다.

15   왜냐하면 음악 소리는 이 호흡의 특별한 순환에 의해 나오기 때문입니다. 따라서 생후 7년 동안 따라하기를 통해서만 배워 온 아이

에게 이제 여러분은 선율과 리듬을 경험하면서 얻는 쾌감을 바탕으로 노래를 배우도록 해야 합니다. 학급에서 노래 수업을 할 때 여러분이 머릿속으로 떠올려야 하는 것이 있습니다. 그게 무엇인지 설명하기 위해 저는 한 가지 비유를 들려고 합니다만, 그 비유가 좀 모호하긴 해도 제가 말하려는 것을 분명하게 전달할 것입니다. 여러분 가운데 몇 분이나 소떼를 관찰하신 적이 있는지 모르겠습니다. 소떼가 풀을 뜯은 뒤에 누워서 먹은 것을 소화시키는 광경을 말입니다. 먹은 것을 소화시키는 소떼의 모습은 아주 신기한 풍경입니다. 그런 시간에는 소 한 마리 안에 온 세상의 형상이 모두 들어 있는 듯합니다. 소화기관이 음식을 소화하고 영양과 관련된 기관이 양분을 처리해서 혈관과 림프관으로 보내는 그 모든 과정이 진행될 때 소는 쾌적함을 느끼는데, 그 쾌적함은 동시에 깨달음이기도 합니다. 소화를 시키고 있는 모든 소는 감탄할 만한 아우라를 지니고 있습니다. 그 광채에는 이 세상 전체가 비칩니다. 소떼가 되새김질하며 풀밭에 누워 있는 광경, 그리고 동시에 소화 과정에서 세상의 모든 이치를 깨닫는 모습은 사람이 볼 수 있는 가장 아름다운 풍경이기도 합니다. 사람의 경우에는 그 모든 것을 잠재의식 안으로 밀어 넣고, 그럼으로써 몸이 의식 안에서 하는 작업을 머리가 되비치게 됩니다.

16   그런 면에서 정말 우리 인간은 열등합니다. 우리의 머리는 앞에서 예로 든 소떼처럼 멋진 것을 생생히 체험하는 것을 막기 때문입니다. 다른 것보다 차라리 음식이 소화되는 과정을 체험할 수 있다면 우리는 이 세상에 대해 훨씬 많은 것을 알게 될 텐데 말입니다. 물론 그런 소화 과정을 체험한다면 우리는 그 과정 하나하나를 감각적으로 인식

하는 가운데 체험해야지, 늘 하던 대로 소화 과정 중에 잠재의식 안으로 들어가버리면 안 됩니다. 제가 하려는 이야기의 취지를 명확하게 이해해야 합니다. 즉, 교육 행위에서 소화 과정을 의식 안으로 끌어올려야 한다는 것이 아니라, 아이에게는 고차적 단계의 무엇인가가 있다는 말입니다. 앞에서 말한 대로 내면의 소리를 내는 과정에서 얻어지는 그런 쾌적함 말입니다. 생각해 보십시오. 스스로 느낄 줄 아는 바이올린이 있다면, 그런 바이올린의 내면에서는 어떤 일이 일어나겠습니까! 바이올린은 우리와는 별개의 물건으로 바깥에 있고, 그래서 우리는 바이올린이 내는 소리를 간접적으로 들을 따름입니다. 우리는 악기가 소리를 내는 전체 과정에 참여하지 못하고, 그 악기가 내는 소리를 감각을 통해서 경험할 뿐입니다. 만일 바이올린이 스스로 느낄 수 있어서 현 하나하나가 다른 현들과 함께 진동하는 것을 자각한다면, 그 바이올린은 천상의 기쁨을 경험할 것입니다. 물론 그 바이올린이 훌륭한 곡을 연주한다는 것이 전제되어야 하지만 말입니다. 그러므로 여러분은 아이로 하여금 작으나마 그런 천상의 기쁨을 경험하도록 해야 하고, 온몸으로 음악을 느낄 수 있도록 해야 합니다. 여러분 스스로도 그 음악에서 기쁨을 느껴야 합니다.

17   그렇게 하려면 물론 우리 자신이 음악을 잘 알아야 합니다. 어느 경우에나 제가 방금 제시한 이런 예술적인 요소가 수업의 소재여야 합니다.

18   그래서 이갈이와 사춘기 사이에 사람의 본성 안에서 일어나는

성숙 과정들이 실제로 진행되는 데는 반드시 음악이 뒷받침되어야 합니다. 아주 초기부터 아이들에게 음악 수업을 제공하는 것이 중요하며, 또한 아이들이 되도록이면 먼저 이론 공부 없이 짧은 노래 부르기를 온전히 경험하여 익숙해지도록 하는 것이 중요합니다. 아주 짧은 노래를 부르게 하면 아이들은 정말 잘 따라 부릅니다! 그런 다음 점차로 쉬운 노래로 옮겨가서, 아이들이 선율과 리듬과 박자 같은 것들에 익숙해지게 합니다. 처음에는 아이들이 따라할 수 있는 범위 안에서 온몸으로 아주 간단한 노래와 놀이를 배우도록 합니다. 그런 음악 수업을 할 여건이 마련되어 있지 않은 경우라도 발도르프 학교에서는 아이들이 입학하자마자 곧바로 어떤 종류든 악기로 소리를 내거나 악기를 다루어 보게 합니다. 물론 말씀드린 것처럼 사정이 허락하는 한 말입니다. 어쨌든 아이들이 되도록 이른 시기에 자신의 음악적 본성이 자기 바깥에 있는 악기로 흘러드는 것을 경험하도록 해야 합니다. 그 목적을 위해서라면 피아노는 아이에게 권하기에는 가장 부적절한 악기입니다. 피아노가 암기를 통해 연주하는 악기의 일종이어서 그렇습니다. 아이들에게는 그런 악기보다는 입으로 불어서 소리를 내는 악기를 주는 것이 바람직합니다. 어느 경우에나 그런 수업을 하려면 교사는 상당한 정도로 예술적 감각을 가지고 있어야 하며 또한 충분한 권위를 지니고 있어야 함을 말씀드리고 싶습니다. 어쨌든 되도록 부는 악기를 사용하기를 권하는 바입니다. 어떤 종류든 간단한 종류의 부는 악기를 배우면서 천천히 음악을 이해하게 되는 것이 아이들에게는 가장 큰 효과를 냅니다. 물론 아이들이 처음 부는 악기로 소리를 내려고 하다가 절망하는 경험도 하게 됩니다. 그렇다고 해도 달리 생각해 보면, 가만히 두면 그냥 흩어지고 마는 공기를 일정한 형태로 만들어 신경다발을 따라 사람의 내부로 이동하여 계속 몸안에서만 자리를 옮기게 만드는 것은 아이에게는 놀라운 경험이 됩니다. 그런 경험을 하면 사람은 자기 신체기관 전체가 확장되는 느낌을 받습니다. 가만히 있으면 몸 안에서만 머물게 될 여러 움직임의 과정이 그런 경험을 통해서 바깥세상으로 이끌려 나옵니다. 아이들이 바이올린을 배울 때도 마찬가지입니다. 바이올린이 소리를 내는 과정, 그러니까 바이올린 내부에서 살아 움직이는 음악은 아무것도 거치지 않고 직접적으로 전달되고, 그래서 사람은 무엇보다 자기 안에 있는 음악적인 무엇인가가 바이올린의 활을 통해서 현으로 옮겨지는 것을 느낍니다.

19   가장 중요한 것은 아이들을 위해서는 이 악기와 노래 수업이 되도록 이른 시기에 시작되어야 한다는 사실입니다! 모든 수업을 예술과 연계할 뿐 아니라 그림, 조형, 악기 등과 같이 그 자체로 예술 작업인 것들을 아동이 초등학교에 입학하는 즉시 시작함으로써 이 모든 것이 실제로 아이들에게 내적 소유물이 되도록 하는 것이 대단히 중요합니다.

_____

20   특별히 만 9세에서 10세 사이에 진행되는 아동 발달 단계를 언어 습득의 관점에서 보아야 한다는 것도 중요합니다. 만 9세에서 10세에 이르는 시기의 특성에 관해서는 앞에서 이미 말씀드렸지만, 이때 아동은 자기 자신을 주변 환경과 구분하기 시작합니다. 그전까지 아이는 자신과 환경을 하나로 여겼는데 말입니다. 그래서 앞에서 언급한 것처럼 학교에 입학하는 아이는 그런 변화에 알맞게 대해야 합니다. 사실 이

갈이가 시작되기 전에는 학교에 보내지 말아야 합니다. 이갈이를 시작하지 않은 아이에게 학교에서 이루어지는 학습을 시키는 것은 어떤 경우에도 의미가 없습니다. 이갈이가 시작되지 않았지만 법률이 정하고 있기 때문에 학교에 보내야 한다면 그래야겠지요. 하지만 교육적으로나 예술적으로 보면 그것은 실제에 맞지 않습니다. 교육학적으로나 예술적으로 실제에 맞도록 하려면, 아이는 이갈이가 시작된 뒤에 입학해야 합니다. 그래야 앞에서 말한 대로 예술적인 것을 통해서 알파벳 형태를 이끌어내는 수업을 시작할 수 있습니다. 그래야 예술적인 것을 시작할 수 있고, 언급한 것처럼 자연과 관련된 모든 것을 동화와 전설과 신화를 통해서 다룰 수 있습니다. 언어 수업에서는 만 9세에서 10세 사이라는 시기를 잘 고려하는 것이 중요합니다.

21   그전에는 언어 수업에서 절대로 문법이나 구문론 등 인지적인 내용으로 언어를 가르치면 안 됩니다. 만 9세에서 10세에 이르는 시기가 되기 이전의 아이는 생활에서 익힌 그대로 말하도록 두어야 합니다. 아이는 생활에서 배운 대로 말해야 합니다. 아이는 자신을 주변 환경에서 분리할 수 있게 되었을 때라야 비로소 자기 스스로 하는 말을 관찰할 수 있습니다. 그 시기가 되면 우리는 아이에게 명사, 형용사, 동사를 언급할 수 있는데, 그전에는 그런 수업을 해서는 안됩니다. 이 시기 전에는 품사의 구분 없이 아동이 그저 말하게 하고 말하도록 두어야 합니다.

22   우리 발도르프 학교에서도 아이가 입학하는 대로 모국어에 더하여 초등 저학년 과정부터 두 가지 외국어를 배울 기회가 주어집니다.

23 　　입학한 아동은 앞에서 설명한 에포크 수업을 받게 됩니다. 이것은 오전 첫 수업에서 이루어지며, 바로 이어서 영어와 프랑스어를 배웁니다. 그 수업에서 우리는 서로 다른 언어 사이의 관계를 다루지 않도록 하고 있습니다. 앞에서 언급한 그 시기, 즉 만 9세에서 10세 사이의 시기에 도달하지 않은 아동에게는 예를 들어 독일어 "Tisch"(책상)는 영어로는 "table"이고, 독일어 "essen"(먹는다)은 영어로는 "eat"라는 식으로 두 언어를 나란히 연결하는 것을 절대로 피합니다. 한 언어의 단어는 그 단어가 가리키는 것을 직접적인 대상에 연결할 뿐, 다른 언어의 해당 단어와는 연결하지 않습니다. 프랑스어로든 영어로든 아이는 천장, 전등, 의자 같은 사물들을 보고 그 어휘를 배웁니다. 그러니까 만 7, 8, 9세까지는 한 언어의 단어를 다른 언어로 번역하는 것에 의미를 두지 않고, 단순히 구체적인 사물을 대상으로 삼아 그것을 한 언어로 말하는 것을 배우는 것입니다. 아동이 예를 들어 "table"이라고 말하면서 그것이 독일어로는 "Tisch"라고 생각하지 않도록 하는 것입니다. 그런 생각은 아이에게 전혀 도움이 되지 않습니다. 만 7, 8, 9세 아이들의 수업에서는 어떤 경우에도 그렇게 같은 대상을 가리키는 말을 여러 언어로 비교하지 않으므로, 그 시기의 수업에서는 절대 그런 과정이 이루어지지 않습니다.

24 　　그런 배려를 통해서 아이는 그 언어가 만들어진 기본요소를 바탕으로, 그리고 그 언어의 감각적인 기본요소를 바탕으로 그 언어를 배울 기회를 얻게 됩니다. 예를 들면 그 언어로 내는 소리를 기본 요소로 다룹니다. 언어란 발음되는 소리로 이루어지는 것이니 말입니다. 언어

는 한편으로 내면의 영혼이 표출되는 것인데, 그것이 바로 모음입니다. 또 다른 한편으로 언어는 외적인 것의 표출인데, 그것이 바로 자음입니다. 이런 사실들을 알기 위해서는 먼저 느낄 수 있어야 합니다. 아동은 예를 들어 "water"라는 말에 무엇이 들어 있는지 느껴야 합니다. 수업에서 실제로 제가 말하는 것을 그대로 실행할 필요는 없지만, 어쨌든 그런 방향으로 수업을 구성해야 아동이 정말로 모음에서 무엇인가를 느끼게 되고 자음이 외부의 것을 모방하고 있음을 감지하게 됩니다. 사람의 본성에는 그런 감각이 마련되어 있기 때문에, 아동은 이미 그런 식으로 언어를 느끼고 있습니다. 우리는 단지 아동의 그런 본성을 방해하지 말고 이용하기만 하면 됩니다.

25   예를 들어 봅시다. 수업에서 사용할 것은 아니고 다만 여러분에게 설명하기 위해 드는 예시입니다만, "아A"란 무엇일까요? 떠오르는 태양을 경이로운 눈으로 쳐다보면서 서 있다면 "아Ah!" 하는 탄성이 나올 것입니다. "아"는 언제나 놀라움과 경탄의 표현입니다. 파리 한 마리가 이마에 앉으면 우리는 "에E!" 하는 소리를 냅니다. "에"는 언제나 방어와 제거의 표현입니다. 영어에서는 독일어와는 조금 달라지기는 하지만, 어느 언어든 놀라움과 경탄의 소리가 있습니다.

26   그럼 전형적인 예를 하나 들어보겠는데요, 바로 "구슬이 구른다"라고 할 때의 "구른다rollen", 영어로는 "roll"이라는 단어가 그것입니다. 이 단어에는 철자 "R"이 들어 있습니다. 그러면 당연히 "L"이라는 철자도 떠오릅니다(그림 I). "R"이 이 정도라면(그림 II), "L"은 더 나아갑니다.

"L"은 언제나 "계속 흐른다"는 상태를 나타냅니다. "Roll"에서 우리는 겉으로 보이는 움직임을 자음들을 사용해서 표현합니다(그림 III).

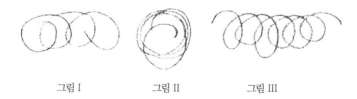

그림 I   그림 II   그림 III

27   이렇게 우리는 내면의 놀라움과 경탄, 방어, 주장 등의 느낌이나 자음을 통한 모방의 느낌을 바탕으로 언어를 이해할 수 있습니다. 언어의 이런 면을 아동의 언어 학습에서 배제하면 안 됩니다. 우리는 아이가 눈앞에 있는 대상물에 대하여 느끼고 또한 그 대상물에 자신의 감성이 연결되어 소리를 내도록 가르쳐야 합니다. 그 언어가 주는 느낌으로부터 모든 것을 이끌어 내어야 합니다. "roll"이라는 단어에서 아동은 실제로 "r-o-l-l"이라는 철자 하나하나를 느껴야 합니다. 그리고 다른 모든 단어를 배울 때도 마찬가지입니다.

28   문명화된 현대인은 단어에 연관된 그런 느낌을 모두 잃어버리고 말았습니다. 현대인은 단어를 단순히 쓰여진 문자나 완전히 추상적인 어떤 것이라고 생각합니다. 자기가 사용하는 언어 안에 완전히 들어가 살지 못하게 된 것이죠. 원시언어들의 경우에는 여전히 언어 안에 느낌이 살아 있습니다. 가장 발달했다는 언어들은 말을 추상적인 것으로 만듭니다. 영어 고유의 단어들만 봐도 단어의 후반부 절반이 생략되고 버려져서, 고유한 느낌이 발음에서 사라지고 없다는 사실을 알 수 있습

니다! 하지만 아동은 언어의 감각 안에 머물러 있어야 합니다.

29   그리고 바로 그런 특징을 가진 단어들을 선택해서 언어 감각을, 그 단어에 관한 감각을 이야기할 수 있도록 해야 합니다. 사람의 몸에서 가장 위쪽에 있는 부분을 독일어로는 "Kopf"(코프, 머리)라고 하고, 영어로는 "head", 이탈리아어로는 "testa"라고 합니다. 언제나 그렇듯 우리가 언어를 추상적인 것으로 여긴다면 어떻게 말할까요? 그렇습니다. 그냥 "독일어로는 Kopf, 영어로는 head, 이탈리아어로는 testa"라고 말하겠지요. 하지만 그런 것은 터무니없는 말에 지나지 않습니다.

30   머리가 어떻게 생겼는지 보시기 바랍니다. 머리는 둥근 형상으로 되어 있습니다. 그래서 "Kopf"라고 말할 때는 바로 그 형상을 표현하는 겁니다. "testa"라고 말하는 경우, 그 단어는 "Testament"(계약), "testieren"(증명하다)라는 말에도 들어 있습니다. 결국 "testa"란 무엇인가를 확인하는 것이 머리임을 표현하는 단어입니다. 이렇게 각 언어에서 같은 대상을 가리키는 단어들이 사실은 완전히 다른 무엇인가를 표현하고 있습니다. 위쪽에 놓여 있는 어떤 것을 향해 "확인해주는 것", "증명하는 주체", 곧 "testa"라고 말합니다. 영어의 머리라는 단어에는 그것이 사람에게서 가장 중요한 것이라는 생각이 들어 있습니다. 물론 그런 생각이 완전히 옳은 것은 아님을 여러분은 아실 것입니다. 어쨌든 영어로 "head"라고 하면 가장 중요한 것, 모든 것이 도달하려는 목표가 되는 것, 모든 것이 모여드는 바로 그것을 가리킵니다.

31 　　결국 같은 대상을 표현하는 말도 언어에 따라 그 뜻이 달라집니다. 우리는 다양한 언어로 수많은 대상을 표현합니다. 같은 대상을 두고 영국인과 이탈리아인이 똑같이 "머리"라고 말하는 것일 수도 있습니다. 하지만 두 나라의 언어로 말하는 "머리"는 같은 것을 가리키지 않습니다. 인류의 원시언어에서는 단어가 언제나 동일한 것을 가리켰습니다. 그래서 원시언어는 모든 사람에게 같은 말이었습니다. 그러다가 인종이 분리되면서 하나의 말이 여러 가지 대상을 가리키게 되었고, 그러면서 각 언어의 단어가 서로 달라졌습니다. 만약 서로 다른 것들을 "동일하게" 표현한다면, 더 이상 그 말 안에 들어 있는 것을 느끼지 못할 것입니다. 그러므로 언어에 포함되어 있는 감각을 몰아내지 말고 언어의 내면에 머물러 있도록 해야 합니다. 만 9세나 10세가 되기 전에는 언어의 비교와 구조를 가르치지 않아야 하는 이유가 바로 그것입니다.

32 　　아동이 만 9세나 10세가 되면 그제서야 명사, 동사의 변화, 명사, 형용사, 동사 등의 문법적인 개념으로 넘어갑니다. 그런 것들을 그 나이보다 일찍 가르쳐서는 안 됩니다. 일찍 그런 것들을 가르치는 것은 교사가 아이에게서 교사 자신과 같은 모습을 보려 하기 때문입니다. 하지만 아이는 아직 자기 자신을 환경에서 분리해서 생각할 수 없으므로 교사가 말하는 것을 이해할 수 없습니다. 바로 그런 이유로 만 9세나 10세가 되기 전에는 어떤 문법적인 내용이나 언어 사이의 비교를 언급해서는 안 된다는 사실을 확실하게 알고 있어야 합니다! 그때가 되면 아이는 노래를 배울 때 체험했던 것을 말에서도 체험하게 됩니다.

33　　　앞에서 저는 먹은 것을 소화시키면서 풀밭에 누워 있는 소의 소화기관들에서 생겨나는 내적인 쾌적함을 예로 들어 노래를 할 때 얻게 되는 내적 쾌적함을 설명했습니다. 그리고 그런 내적인 쾌적함, 아니면 아이가 "구른다"라는 말을 내적으로 느낄 때처럼 단어에 들어 있는 것을 아동이 느끼는 그 사실감이라도 있어야 한다고 했습니다. 아동은 언어를 머리로 생각하는 데 그치지 않고 내적으로 체험해야 합니다. 오늘날 대부분 사람들은 언어를 머리로만 생각합니다. 그래서 언어 안에 정말 무엇이 들어 있는지, 한 언어에서 다른 언어로 옮겨져야 하는 것이 무엇인지가 궁금하면 간단히 사전을 펼칩니다. 사전에는 단어들이 "testa" 또는 "Kopf"로 인쇄되어 있습니다. 그러면 이것이 동일한 것처럼 느낍니다. 하지만 그 느낌은 같지 않습니다. 뭔가 좀 다른 것을 담고 있는 것입니다. 그것은 감각에서 출발하여 표현된 것입니다. 언어 수업에서는 그 점을 꼭 고려해야 합니다. 그에 더해서 생각할 것이 있는데, 그건 바로 정신적인 기본 요소입니다. 사람이 죽으면, 또는 '땅 위로 내려오기 전에는', 예를 들어 이른바 명사가 뭔지 알 수 없습니다. 흔히 말하는 '죽은 사람'이 명사를 알 리가 없고, 물건들이 어떻게 불리는지 알 까닭이 없는 겁니다. 하지만 죽은 사람도 형용사들은 알고 있습니다. 그래서 형용사를 통해서라면 죽은 사람과 소통할 수 있습니다. 하지만 형용사를 통한 소통은 오래가지 않습니다. 가장 오래가는 것은 움직임을 나타내는 동사, 능동형이거나 수동형인 표현들이고, 그보다 더 오래가는 소통 도구는 "오!", "아!"처럼 느낌을 나타내는 감탄사들입니다. 죽은 사람은 감탄사들을 가장 오래 간직합니다.

34   여기서 알 수 있는 것은, 죽은 뒤 완전히 정신이 사라지지 않는다면 사람의 영혼은 감탄사들 안에서 실제로 살아 있다는 사실입니다. 모든 모음은 사실 감탄사입니다. 그리고 자음은 원래 사람이 죽은 뒤에 그 자체로는 금세 사라지고 지상으로 내려오기 전에는 아예 사람에게 있지도 않은 것인데, 그런 자음은 외부의 사물을 모사한 것입니다. 우리는 그것을 감각 안에서 실제로 체험해야 하고, 아동의 어디에 그것이 있는지 눈여겨보아야 합니다. 그래서 수업에서 너무 일찍 명사나 형용사 같은 것들을 다루어 그것을 밀어내지 않도록 해야 합니다. 만 9세에서 10세가 된 뒤에 그런 것들을 배우도록 해야 합니다.

———————

35   발도르프 학교는 초등학교 수업의 초기에 오이리트미를 도입했습니다. 사람은 언어를 통해서 자신을 드러내 보이는데, 눈에 보이는 언어인 오이리트미에서는 혼자서 또는 무리를 지어 하는 움직임을 통해서 자신을 드러내 보입니다. 실제로 아이가 언어 감각을 고려하지 않는 교육자에 의한 언어 수업으로 망가지지 않았으면, 다시 말해서 언어 감각 안에서 살아 있으면, 아주 어린 아이가 음성 언어를 배우는 것을 당연하게 여기는 것처럼 아이들은 오이리트미로의 이행을 너무나 당연한 것으로 받아들입니다. 아이들을 오이리트미로 이끌기란 조금도 어렵지 않습니다. 제대로 성장한 아이들은 스스로 오이리트미를 원합니다. 오이리트미를 가까이하기를 원하지 않는 아이들이 있다면 병리학적인 문제가 있는 부분을 찾아낼 수도 있습니다. 몸의 모든 기관이 정상적으로 발달한 아이들은 아주 어릴 때부터 말을 배우려고 하는 것처럼 오

이리트미를 당연하다는 듯 배우려 합니다. 왜냐하면 아이들은 내면으로 체험한 것을 의지대로 스스로 표출해내려는 갈망이 있기 때문입니다. 이른 시기에 기쁘면 웃고 슬프면 울면서 감정을 표현하는 단계로 넘어간 사람은 이미 자신의 감정을 특별한 얼굴 표정으로 나타내 보입니다.

36   강아지나 다른 동물 이야기로 아이가 웃게 하려면 여러분은 제대로 은유와 비유를 동원해야 할 것입니다. 하지만 그런 방법으로는 아이는 사람들처럼 웃지도, 울지도 않습니다. 내적인 체험을 의지의 기본 요소가 되도록 하는 몸짓 언어와 움직임은 동물과 사람에게서 전혀 다르게 나타나기 때문입니다.

37   그런데 오이리트미로 하는 표현에는 사람이 말하는 것처럼 규칙성이 있습니다. 언어란 자의적인 것이 아니니까요. 예를 들어 영어의 "water"에서 'a' 대신 다른 모음을 넣어 "wuter"와 같은 말을 만들어낼 수는 없습니다. 말에는 규칙이 있습니다. 똑같이 오이리트미 표현 역시 규칙을 따릅니다. 일상적인 몸짓 언어는 어떤 의미로는 좀 자유롭게 사용할 수 있습니다. 물론 그런 몸짓 언어도 어느 것은 본능에서 나오는 것이지만 말입니다. 뭔가 곰곰이 생각할 때 우리는 손가락으로 이마를 짚습니다. 또 뭔가가 사실이 아니라고 말하고 싶을 때는 고개를 젓고 손을 흔들면서 뭔가를 지우는 시늉을 합니다. 언어가 내적 체험을 소리로 표출하는 것처럼 내적인 체험과 외적인 체험을 규칙적인 움직임을 통해서 그림으로 표현해내는 것이 바로 오이리트미입니다. 그리고 아동은 스스로 오이리트미를 배우려고 합니다. 그러므로 오늘날의 교육에 오

이리트미 수업을 포함시키지 않는다면 이는 사람의 잠재적인 가능성을 그 본성으로부터 퍼 올려 실현해야 한다고 생각하지 않는다는 증거가 됩니다. 그렇게 생각하는 교사는 누가 권하지 않아도 오이리트미 수업을 실행하도록 할 테니까요.

38   오이리트미 수업을 도입한다고 해서 체조나 체육 수업이 중단되지는 않습니다. 오이리트미는 그런 수업들과는 성격이 다르니까요. 그리고 교사나 교육자는 오이리트미가 체육 수업과는 다르다는 것을 잘 알고 있어야 합니다. 오늘날 이루어지는 체조 수업이나 기타 운동과 오이리트미는 다릅니다. 두 가지를 병행해도 아무런 문제가 없습니다. 사람들은 공간이라는 개념을 완전히 추상적으로만 이해해서 공간이 구체적인 것이라고 생각하지 않는 경우가 많습니다. 오늘날 사람들은 지구가 둥글다는 생각에 너무나 익숙해져서 이런 생각을 하지 않습니까? 이곳에 서 있는 사람은 자기가 위쪽을 향해서 뛰어오른다고 말합니다. 그러면서 지구 반대쪽에 발을 붙이고 있는 사람은 아래쪽으로 '뛰어내린다'고 생각합니다. 하지만 그건 불가능한 일입니다. 언젠가 ≪자연철학에 관한 통찰≫이라는 책을 읽었는데, 그 책의 저자는 하늘이 우리 위에 있다는 것이 얼마나 엉터리 같은 생각인지 보여주려고 말합니다. "그러면 우리 반대쪽에는 하늘이 발 아래에 있다는 말인가!" 물론 이렇게 간단히 말할 일은 아닙니다. 우리 자신을 없는 존재로 잊어버리고 공간을 추상적인 무엇으로 판단하지는 않는다는 것입니다. 물론 그렇게 판단하는 사람들도 있습니다. 데이비드 흄, 존 스튜어트 밀, 임마누엘 칸트 같은 철학자들이 그랬지요. 하지만 그것은 전혀 사실이 아니고 무의

미한 생각입니다. 공간은 완전히 구체적인 것이고, 그래서 우리가 지각할 수 있습니다. 우리는 자신이 어느 공간 안에 있음을 감각하며, 또 공간 안에 있어야 함을 느낍니다. 공간의 평형 상태 안으로, 공간의 여러 위치로 들어가야 스포츠, 체조, 운동 같은 것들이 가능해집니다. 그래서 사람은 공간 안에 들어 있으려 합니다.

39   예를 들어 체조를 하듯 두 팔을 뻗는 동작을 하면, 우리는 두 팔을 수평 방향의 공간에 집어넣는 느낌을 받습니다. 높이뛰기를 하면 몸을 스스로의 힘으로 위쪽 공간을 향해 움직인다는 느낌이 듭니다. 그런 것들이 운동이고 체조입니다.

40   감정을 가진 사람이라면 오이리트미 동작 "I"(이)를 할 때 뭔가 내적인 느낌을 얻습니다. 이때 내적 영혼이 그 움직임 안으로 들어갑니다. 그럴 때 사람은 자신의 내면을 드러냅니다. 오이리트미에서 얻으려는 것이 바로 그것입니다. 오이리트미는 결국 내면을 외적으로 표현하는 작업인 셈입니다. 오이리트미에서 표현하는 것은 영혼적으로 변화되는 호흡과 혈액순환의 체험입니다. 운동, 체조, 스포츠를 할 때 우리가 공간에서 느끼는 것은 운동을 하는 온갖 방향과 장비들입니다. 이쪽으로 뛰어오르고, 저쪽을 향해서 방향을 바꾸고, 필요한 장비를 사용해 봅니다. 사다리를 타기도 하고, 밧줄을 잡고 위로 오르기도 합니다. 이렇게 우리는 외적인 공간을 향합니다.

41   이것이 체조와 오이리트미의 차이입니다. 오이리트미는 영혼

의 활동이 외부로 흘러나오도록 하고, 그렇게 함으로써 언어처럼 사람의 내면을 실질적으로 표현하는 것입니다. 그래서 오이리트미는 눈에 보이는 언어입니다.

42   체육, 체조, 스포츠를 통해서 우리는 자신을 외적 공간으로 들어가게 하고 세상에 적응하며, 자신이 이 세상에 있기에 적절한지 점검해 봅니다. 그것은 언어가 아니고 사람의 내면을 드러내는 것도 아닙니다. 그것은 이 세상에 살 능력을 갖추라고, 세상 속으로 들어가라고 사람에게 던지는 세상의 요구입니다. 그런 것들과 오이리트미의 차이를 알아야 합니다.

43   체육과 체조를 가르치는 교사가 아이들로 하여금 그에 해당하는 동작들을 통해서 자신을 외적인 세상에 적응시키라고 하는 데서 그 차이가 드러납니다.

44   오이리트미 교사는 사람의 내면에 들어 있는 것을 표현해냅니다. 그리고 그렇게 표출된 것을 다시 감정으로 느끼고 감지해야 합니다. 그래야 오이리트미, 체육, 체조, 심지어 스포츠 실기 과목이 수업으로서 각기 적절한 자리를 잡게 될 것입니다. 그 문제는 내일 말씀드리겠습니다.

일곱 번째 강연

1924년 8월 19일

01   방법론적인 것 몇 가지를 골라서 더 언급해 보겠습니다. 아시다시피 이 강연 시리즈에 주어진 시간이 짧아 몇 가지 예시만 가려내어 언급할 수밖에 없습니다.

02   이갈이와 사춘기 사이의 시기를 개관해 보면, 그 시기는 세 부분으로 나뉩니다. 그리고 이러한 시기 구분은 초등학교에서 이루어지는 아동교육에서 고려되어야 합니다.

03   앞선 강연에서 설명한 것처럼, 첫째 시기는 아동이 자신을 주변 환경에서 분리하여 생각하기 시작해서 주체인 자기 자신과 대상인 외부세계를 구분하는 시점까지입니다. 이 시기까지는 반드시 아이 안에 있는 모든 것과 아이 바깥에 있는 모든 것이 통일된 특성을 갖도록 교육해야 합니다. 앞에서 저는 그런 교육을 위해 예술을 활용하는 방법을 설명했습니다. 그리고 우리는 식물과 동물 영역을 예로 들면서, 어떻게 외부세계의 설명으로 넘어갈지도 이야기했습니다. 이런 내용을 아주 기초적으로 구성한 교육은 두 번째 시기로서 만 12세 무렵까지 계속 이어집니다. 그 다음 세 번째 시기는 만 12세부터 사춘기까지인데, 이때 비로소 교사는 생명이 없는 자연으로 넘어갈 수 있습니다. 원래 이 시기가 되어야 아동은 무생물을 제대로 이해할 수 있기 때문입니다.

04   그래서 이렇게 말할 수 있습니다. 만 7세부터 9세 반 또는 9세 4개월 정도까지 아동은 모든 것을 영혼이 있는 것으로 받아들입니다. 이 시기에 아동이 영혼이 있는 것으로 받아들이지 않는 것이 없습니다. 나무, 별, 구름, 돌 등 모든 것을 영혼이 있는 존재로 여깁니다. 그런데 대략 만 9세 4개월에서 만 11세 8개월에 이르는 기간에 아동은 자기 자신에게서 발견하는 영혼과 단순히 살아 있는 생명체의 차이점을 지각하게 됩니다. 그래서 우리는 아이에게 생명체에 대해서, 살아 있는 존재로서 지구 전체를 이야기할 수 있습니다. 영혼이 있는 존재와 생명이 있는 존재에 대해서 말입니다. 그 다음 만 11세 8개월부터 만 14세에 이르는 시기에 아이는 영혼이 있는 것, 생명이 있는 것, 생명이 없는 것들을 각각 구분하게 됩니다. 결국 인과관계 안에 있는 모든 것을 알게 되는 셈입니다.

05   대략 만 12세가 되기 전까지 아동에게 무생물을 말해서는 안 됩니다. 만 12세가 된 뒤에야 아이에게 광물질, 물리 현상, 화학 현상 같은 것을 이야기할 수 있습니다. 우리가 반드시 알아야 할 것은 이갈이에서 사춘기 사이의 아이에게서는 여전히 지성이 아니라 상상력이 주로 작동하고 있다는 사실, 그래서 어느 경우에나 아이의 상상력을 바탕으로 생각해야 한다는 사실입니다. 따라서 제가 앞서 자주 언급한 것처럼, 교육자 스스로가 자기 안에 있는 상상력을 일깨우도록 해야 합니다. 그렇게 하지 않고 일찌감치 지적인 것으로 넘어가버리면, 아동은 물질체 발달을 제대로 이룰 수 없습니다. 오늘날 나타나는 몇 가지 병리적 현상의 원인은 이 물질주의적인 시대를 사는 우리가 이갈이에서 사춘기 사이의 아이들에게 지적인 요소만 너무 중하게 여겼기 때문입니다.

06   아동이 만 12세가 될 무렵에는 먼저 생명이 없는 것들을 조심스럽게 이야기해 줄 수 있습니다. 아이의 지성은 이때부터 생명이 없는 것이라는 개념을 이해할 수 있으니까요. 그래서 광물질, 물리적 현상, 화학적 현상 같은 것을 접하게 해줍니다. 하지만 이렇게 생명이 없는 것들을 이야기할 때도 되도록이면 그 모든 것을 생활과 연결시켜야 합니다. 말하자면 단순히 광물 수집 이야기로 시작하지 말고, 지표면과 산으로 시작해야 한다는 말입니다. 그래야 먼저 어떻게 땅에서 산맥이 이루졌는지를 설명할 수 있습니다. 그런 다음에는 산 아래에 있는 땅이 어떻게 이동했는지 말해줍니다. 높이 올라갈수록 산은 황량해져서 식물을 보기 어렵다는 이야기를 합니다. 그렇게 높은 곳이 황량하다는 이야기를 하며 그곳에 있는 돌에 주목하게 합니다. 그러니까 산에 대한 이야기로 시작해서 광물로 접근하는 겁니다.

07   그렇게 산을 생생하게 설명한 다음에는 어떤 광물 하나를 보여주면서 말합니다. "우리가 이 길을 따라 이 산을 오르면 이런 것도 볼 수 있어. 산에서는 이런 걸 발견한단다." 이런 식으로 몇 가지 돌을 보여준 다음에는 아이들에게 그것을 만져 보게 합니다. 그런데 이때 우리가 가장 중요하게 여겨야 하는 것은 부분이 아니라 전체에서 시작해야 한다는 사실입니다. 전체를 출발점으로 삼는 것은 대단히 중요합니다.

08   그에 못지 않게 중요한 또 한 가지는 물리 현상들을 다룰 때도 생활과 관련된 이야기로 시작해야 한다는 것입니다. 단순히 오늘날 교과서에 나오는 물리를 가르치는 것으로 시작하지 말고, 성냥 한 개비로 불

을 붙이면서 어떻게 불이 붙기 시작하는지를 보여주며 시작합니다. 불꽃은 어떻게 생겼는지, 불꽃의 바깥쪽은 어떤 모양인지, 또 안쪽은 어떻게 보이는지, 세세한 것들을 눈여겨보도록 합니다. 성냥불을 끄면 그 끄트머리에 검게 탄 부분이 남습니다. 그것으로 어떻게 성냥에 불이 붙게 되는지 이야기해주기 시작합니다. 성냥에 불이 붙게 되는 것은 열이 점점 강해져서 그렇다는 등의 이야기로 말입니다. 모든 것을 생활과 연관시키는 것이지요!

09   예를 들어 물리책에 흔히 나오는 지렛대로 이야기를 시작하면 안 됩니다. "지렛대는 긴 판과 그 판을 받치는 받침대로 이루어지고, 판의 양쪽에 힘이 가해지면 평형을 이룬다"라는 식으로 말입니다. 평형 이야기는 지렛대가 아니라 마땅히 저울로 시작해야 합니다. 교사는 아이들을 상상 속의 가게로 데려가서 저울로 물건의 무게를 달아 보도록 합니다. 그런 다음 평형과 무게의 개념으로 넘어갑니다. 즉, 어느 경우에나 생활 속에서 물리학 개념을 이끌어내는 것이죠. 화학 현상을 가르칠 때도 마찬가지입니다.

10   삶에서 시작해서 여러 물리 현상과 화학 현상을 관찰하는 것이 수업의 핵심입니다. 그렇게 하지 않고 추상적인 것에서 시작하면, 아이에게는 아주 이상한 일이 벌어지는데, 수업 중에 학생이 쉽사리 피곤해지는 현상이 그것입니다. 삶에서 시작해서 수업을 이끌어가면, 아이는 피곤해지지 않습니다. 추상적인 것을 바탕으로 하는 수업이 아이를 피곤하게 만듭니다.

11   수업의 황금률은 바로 학생이 절대로 피곤해져서는 안 된다는 것입니다. 이 점에서 오늘날의 이른바 "실험중심 교육학"은 아주 특이합니다. 실험중심 교육학에서는 아동이 어떤 정신 활동 때문에 피곤해지는지를 규명합니다. 그리고 그것을 근거로 특정한 수업 자료를 어떤 시간 이내에 다루어야 아동이 피곤해지지 않는지를 정합니다.

12   하지만 이런 교육관은 정말이지 속속들이 잘못된 것입니다! 왜냐하면, 저의 저서, 특히 《영혼의 수수께끼》(Von Seelenrätseln)에서도 언급한 다음과 같은 사실 때문입니다. 사람은 세 부분으로 구성되어 있습니다. 먼저 신경감각체계인데, 여러분의 기억을 환기시켜 드리자면 이것은 사람의 정신 활동을 유지합니다. 두 번째는 리듬체계로서, 모든 호흡 리듬, 혈액순환 등이 그 안에 들어 있습니다. 그리고 신진대사·사지체계로, 물질을 변화시키는 모든 것을 담는 부분입니다.

13   탄생 후 이갈이 시기까지 이루어지는 아동 발달을 보면 특별히 눈에 띄는 것은 두뇌 조직, 즉 여기에 영향을 미치는 신경-감각 조직입니다. 삶이 시작된 뒤 아기의 발달은 머리에서부터 이루어집니다. 여러분은 바로 그 점을 정확하게 통찰해야 합니다. 먼저 태아, 그러니까 아직 세상에 나오지 않은 아이를 한번 살펴보십시오. 태아는 머리 부분이 엄청나게 크다는 것을 알 수 있습니다. 머리를 빼면 다른 기관은 아직 성장하지 않는 듯 보입니다. 그 상태에서 아기가 태어납니다. 신생아의 머리는 외형적으로 여전히 엄청나게 큽니다. 성장 전체를 비롯해서 모든 것이 머리 쪽으로부터 시작하는 것입니다.

14   그런 현상은 만 7세에서 14세 사이의 시기에 사라집니다. 이갈이와 사춘기 사이에는 호흡 리듬, 혈액 순환 등 각종 리듬이 아동을 지배합니다. 오로지 리듬만이 아이를 지배하는 것이죠!

15   그러면 이 리듬은 어떻게 움직일까요? 한번 생각해 보십시오. 심각한 생각을 많이 하면, 다시 말해서 뭔가 연구를 많이 하면, 우리는 피곤한 상태, 즉 머리가 피곤한 상태가 됩니다. 많이 걸어도, 즉 사지를 혹사해도 역시 피곤해집니다. 두뇌, 신경감각기관, 신진대사·사지기관은 피곤해질 수 있지만, 리듬기관은 전혀 피곤해지지 않습니다.

16   하루 종일 호흡을 해야 한다는 것을 생각해 보십시오. 여러분의 심장은 한밤중에도 뜁니다. 심장은 태어나서 죽을 때까지 쉴 수가 없습니다. 내내 리듬을 유지해야 한다는 말입니다. 심장은 지쳐서도 안 되고, 지치지도 않습니다.

17   그렇다면 여러분은 사람을 지배하는 그 조직 체계를 교육과 수업에서도 응용해야 합니다. 말하자면 이갈이와 사춘기 사이에는 상을 이용해서 리듬의 힘을 빌어야 합니다. 무엇을 설명하고 뭔가를 할 때는 머리의 사용을 최소화하고, 되도록이면 심장과 리듬, 즉 예술적이면서 리듬과 연관된 모든 것을 사용하여 수업을 구성해야 합니다. 그렇게 하면 어떤 결과가 나올까요? 아이는 수업 때문에 피로해지는 일이 없습니다. 모든 것이 머리가 아니라 리듬체계에 맞춰졌기 때문입니다.

18   이 물질주의적인 시대에 아주 영리한 사람들이 생각해낸 것은 아이들로 하여금 수업과 수업 사이의 시간에 떠들며 돌아다니게 하는 것이었습니다. 내면적으로 기쁨 속에서 아이들이 떠들며 뛰어다닌다면 그건 나쁜 일이 아닙니다. 사람들이 실험을 통해서 알아낸 또 한 가지가 있는데, 아이들은 밖에서 뛰어다닐 때보다 얌전히 앉아 수업을 받을 때 덜 피곤해 한다는 것입니다. 사지를 움직이면 아주 피곤해집니다. 그에 비해서 올바른 방법으로 진행되는 수업은 아이들을 전혀 피곤하게 만들지 않습니다. 그리고 여러분이 수업에서 아이들에게 상을 자극하는 것을 더 많이 제시하면 그만큼 지성이 움직일 일이 적어지고, 교사가 모든 것을 생동감 있게 서술할수록 리듬체계를 더 많이 사용하게 됩니다. 그 결과 아이들은 덜 피곤하게 됩니다. 실험심리학자들이 와서 아동이 얼마나 피곤해 하는지 조사할 때 그 사람들이 조사하는 것은 정말 무엇일까요? 그건 바로 수업이 얼마나 부적절한가를 보는 것이죠! 수업이 제대로 이루어진다면 아이들이 피곤해지는 결과는 나올 수 없을 겁니다.

19   결국 초등학교에서는 아동이 리듬체계만을 사용하도록 해야 한다는 결론에 도달합니다. 그리고 결코 지치는 법이 없고 무리하는 법도 없는 이 리듬체계를 적절한 방법으로 활동하게 하는 데 필요한 것은 지적인 것이 아니라 상상력을 바탕으로 하는 상입니다. 그러므로 여러분은 반드시 상상력이 학교 교육을 움직이도록 해야 합니다. 마지막 시기, 즉 만 11세 8개월에서 14세 사이에는 상상력을 통해서 생명이 없는 것까지도 살아 숨쉬게 만들고 삶에 연계해서 설명하는 겁니다! 모든 물리 현상도 생활과 연계해서 설명할 수 있습니다. 그러기 위해서는 물론

상상력이 있어야 합니다. 수업에 긴요한 것은 바로 상상력입니다.

20   교사는 아동의 이런 상상력이 모든 것에 자유자재로 작용하도록 이끌어야 합니다. 우리가 작문이라고 부르는 작업에서도 마찬가지입니다. 아이 스스로가 글쓰기를 통해서 무언가를 만들어낼 때는 판타지가 필요합니다. 여기서 중요한 것은 아이에게 무언가를 쓰도록 할 때는 미리 그 작업에 대해 정확하게 설명해서 아이가 꾸며내어 쓰는 일이 일어나지 않도록 해야 한다는 사실입니다. 교사는 스스로 교육자의 권위를 가지고 작문에 연관되어 알아야 할 것을 미리 이야기해주어야 합니다. 그러면 아이는 교사가 말한 것의 영향을 받아 작문을 하게 됩니다. 사춘기가 시작되기 직전에도 그런 방법을 포기하지 말아야 합니다. 그 시기에도 아이들로 하여금 아무것도 모른 채 마음대로 쓰게 하지 말고, 아이 안에서 감성을 깨워주어야 합니다. 작문의 소재에 대해서 교사 또는 교육자와 나눈 이야기를 통해서 아이가 마음으로 느낀 것이 아니라면, 아이는 글쓰기로 들어가지 않아야 한다는 것입니다. 작문에도 생동감이 들어 있어야 합니다. 교사의 생동감이 아이의 생동감으로 옮겨가야 하는 것입니다.

———

21   여러분이 이 모든 것을 통해 아시게 된 것처럼, 모든 수업과 교육은 삶을 바탕으로 해서 이루어져야 합니다. 사람들이 요즘 자주 이야기하듯이, 수업은 그 대상이 생동감 있게, 현실적으로 전달되도록 이루어져야 합니다. 그러려면 교사 자신이 먼저 현실적인 것이 무엇인지에

대한 감각을 습득해야 합니다. 이론적으로 훌륭한 교육의 기본 원칙들을 열심히 배운 교사가 현장에서 범하는 오류의 예를 저의 경험에서 말씀드리겠습니다.

22　　장소는 밝히지 않겠습니다만, 언젠가 어느 교실에 들어가 보니 계산 문제가 나와 있더군요. 그 문제는 덧셈을 생활과 연계해서 가르치려는 목적으로 낸 것이었습니다. 14 $^2/_3$, 16 $^5/_6$, 25 $^3/_5$ 이라는 수를 단순히 더하도록 하지 않고 생활의 무엇인가와 연결하려는 문제였습니다. 그래서인지 그 계산 문제는 대강 다음과 같았습니다. "한 사람은 1895년 3월 25일에 태어났고, 두 번째 사람은 1898년 8월 27일에 태어났으며, 세 번째 사람은 1899년 12월 3일에 태어났습니다. 이 세 사람의 나이를 모두 합치면 몇 살이 될까요?" 그리고 다음과 같이 아주 진지하게 계산이 이루어졌습니다. "1895년에서 올해 1924년까지는 29 $^3/_4$년이므로 첫 번째 사람의 나이는 29 $^3/4$세이다. 두 번째 사람은 1924년에 대략 26 $^1/_2$세가 되며, 세 번째 사람은 12월 3일에 태어났으므로 25세라고 할 수 있다." 그래서 이 세 숫자를 합치면 세 사람 나이의 총합이 나올 것이라는 얘기였습니다.

23　　그런데 여기서 저는 이렇게 묻고 싶습니다. 누구라도 세 사람이 합해서 나온 어떤 수만큼 나이를 먹는 일이 가능한가, 하는 질문입니다. 그걸 어떤 식으로 상상할 수 있을까요? 물론 숫자를 합치면 어쨌든 어떤 합계가 나오겠지요. 하지만 그 합계가 현실에서 있을 수 있는 일인가요? 합계 문제에 나온 세 사람은 같은 시대를 살고 있습니다. 그러니

세 사람이 무엇인가를 함께 체험할 가능성은 전혀 없는 것이죠! 그런 계산 문제는 실생활과 전혀 관계가 없습니다.

24   교사는 이 계산 문제가 수학 교과서에서 뽑은 것임을 보여주었습니다. 교과서를 보니, 거기에는 정말 그런 영특한 문제가 여럿 있었습니다.

25   저는 여러 현장에서 그런 문제가 도리어 삶에 영향을 미치는 모습을 보았습니다. 이건 중요한 문제입니다.

26   다시 말하면 학교에서 가르치는 것이 거꾸로 삶에 영향을 미친다는 것이죠! 학교에서 무엇인가를 잘못 가르치면, 즉 전혀 현실이 아닌 것을 계산 문제에 적용하면, 청소년들은 그런 잘못된 생각을 자신의 삶안으로 받아들입니다. 영국에서도 그렇게 하는지는 모르나, 중부 유럽어디서나 벌어지는 일이 있습니다. 가끔 신문에는 한 사람이 아닌 다수의 범죄자가 한꺼번에 기소되어 판결을 받았다는 기사가 실립니다. 기사에는 다섯 사람의 피고가 모두 합해서 75 1/2년의 징역형을 받았다고써 있습니다. 한 사람은 10년, 또 한 사람은 20년, 이런 식으로 판결이나는데, 그걸 모두 합해서 그렇게 말하는 것입니다. 신문에서는 이런 사례가 자주 등장합니다. 여기서 제가 알고 싶은 것은 그런 숫자가 현실적으로 도대체 어떤 의미가 있을까, 하는 것입니다. 형을 선고받은 각자에게 이 75년이라는 숫자는 확실히 아무런 의미가 없습니다. 어차피 세 사람은 75년보다 훨씬 일찍 출소할 것이므로, 그 숫자는 사실과는 아무런

상관이 없습니다.

27 　　　그러니 어느 경우에나 사실에서 출발하는 것이 중요합니다. 이런 식으로 아이들에게 현실에서는 전혀 있을 수 없는 계산 문제를 낸다면, 그건 아이들에게 독물을 건네는 것이나 마찬가지입니다.

28 　　　여러분은 삶에서 있을 수 있는 것들만 생각하도록 아동을 이끌어야 합니다. 그러면 현실로부터 이끌어낸 수업은 다시 삶 속으로 이어집니다. 오늘날 우리는 사람들이 하는 현실에서 동떨어진 생각으로 인해 엄청난 고통을 받고 있습니다. 교사가 이 문제를 정말 심각하게 고민해야 하는 이유입니다.

29 　　　우리가 사는 이 시대에 통용되는 이론이 하나 있습니다. 이론의 주창자들이 정신적으로 대단히 똑똑한 사람들임에도 불구하고, 그 이론은 순전히 비현실적인 교육에서 도출된 것입니다. 그것은 이른바 상대성 이론입니다. 여러분도 아인슈타인이라는 이름과 함께 언급되는 그 이론에 대해 들으신 적이 있을 것입니다. 그 이론에는 맞는 내용이 여럿 있고, 저는 그 내용을 부정할 생각이 없습니다. 그런데 그 이론은 다음과 같이 확장됩니다. 어딘가에서 대포를 쏘았다고 가정합니다. 그러면 그로부터 어떤 거리만큼 떨어져 있는 우리는 얼마만큼 시간이 지나 대포 소리를 듣게 됩니다. 그런데 우리가 가만히 서 있지 않고 대포 소리 파동의 진행 방향과 같은 방향으로 움직이면 가만히 서 있는 경우보다 늦게 그 소리를 들을 것입니다. 포탄이 발사될 때 생기는 공기의

압력을 늦게 듣게 되는 것인데, 우리가 더 **빨리** 움직일수록 대포의 음파는 우리 귀에 더 늦게 도달합니다. 반대로 우리가 음파가 오는 방향을 거슬러 움직이면 음파는 더 일찍 우리 귀에 도착합니다.

30   그런데 그런 식으로 계속하면, 우리가 움직일 수 있는 속도보다 더 빨리 음파가 오는 방향을 거슬러 움직이면 어떤 일이 벌어질까, 하는 식으로 현실에서 일어날 가능성이 없는 것까지 생각하게 됩니다. 그런 생각을 극단까지 이어가면 이런 말까지 하게 될 것입니다. "그렇게 점점 더 빨리 음파의 방향을 거슬러 움직이면, 우리는 포탄을 발사하기도 전에 그 소리를 들을 수 있어!"

31   이것이 바로 비현실적인 사고에서 나오는 이론의 결과입니다. 현실 속에서 제대로 생각할 수 있는 사람은 때로는 엄청난 고통을 참아낼 수 있습니다. 아이슈타인의 책에는 심지어 사람이 시계를 들고 빛의 속도로 우주 공간으로 나갔다가 돌아온다는 가정이 나옵니다. 그 책에는 빛의 속도로 우주 공간으로 나갔다가 돌아온 시계에 무슨 일이 일어나는지 설명되어 있습니다. 하지만 저는 빛의 속도로 나갔다가 돌아온 시계에 벌어지는 일을 현실에 맞게 관찰하고 싶습니다. 우리의 생각이 현실에서 벗어나지 않아야 한다는 사실이 중요하니까요.

32   너무나 많은 것이 현실에서 벗어나 있다는 것이 학교 수업의 오래된 악습입니다. 오늘날 아주 모범적인 육아현장에서 이루어지는 많은 활동도 그런 악습에 바탕을 두고 있습니다. 유아교사들은 아이들이

할 여러 작업을 고안해냈습니다. 현실에서, 그리고 심지어 놀이에서도, 교사는 아이로 하여금 오로지 생활을 모방하는 것만 하도록 해야 합니다. 그러니까 프뢰벨 활동을 비롯해서 억지로 고안해낸 작업은 모두 해악입니다. 다시 말씀 드리지만, 현실에서, 그리고 심지어 놀이에서도 아이들이 오로지 생활을 모방하는 것만 하도록 해야 합니다. 이건 정말 중요합니다.

33   앞서 언급한 적이 있지만, 부자연스럽게 만든 장난감이 아니라 유아가 최대한 판타지를 동원할 여지가 있는 놀잇감을 고안해야 한다는 것도 같은 이유 때문입니다. 이 점은 의미가 큰 사안입니다.

34   여기서 특별히 강조하고 싶은 것은 생활과 연계되지 않았으면 어떤 것도 어떤 형태로든 수업과 교육 안으로 들어오지 않도록 경계해야 한다는 것입니다. 이것은 아동에게 스스로 무엇인가를 설명하도록 할 때에도 언제나 고려해야 할 점입니다. 아동의 설명이 현실을 벗어나면 교사는 언제라도 아이에게 그 점을 알게 해야 합니다. 지성은 상상력만큼 현실 안으로 깊이 들어가지 못합니다. 상상력이 길을 잘못 들어 헤매는 경우는 있지만, 그럴 때도 상상력은 현실 안으로 들어갑니다. 그와는 달리 지성은 늘 현실의 표면에만 머뭅니다. 그래서 교사 자신이 현실에 맞게 교실 안에 서 있는 것이 엄청나게 긴요한 일이 됩니다. 교사가 교실에서 현실에 맞게 서 있도록 하기 위해, 우리 발도르프 교육에서는 모든 수업의 영혼이라고 여겨지는 교사회의를 진행합니다. 교사 전원이 모이는 교사회의에서 각 교사는 자신의 학급과 학생 전체에게서 무엇

을 배웠는지를 이야기함으로써 교사들이 서로의 경험에서 배우도록 합니다. 이런 방식의 교사회의를 학교에서 가장 중요한 부분으로 삼지 않는다면 살아 있는 학교가 되지 못합니다.

35   교사회의에서 교사는 정말 많은 것을 배웁니다. 우리 발도르프 학교는 남녀공학이어서 여학생과 남학생이 같은 학급에서 공부합니다. 남학생과 여학생들이 무슨 말을 하거나 의식 속에서 서로 무엇을 주고 받는지는 별개로 치고, 여학생이 더 많은 학급과, 남학생이 더 많은 학급, 남녀가 동수인 학급은 서로 다른 점이 있습니다. 여러 해 동안 그 차이를 주목한 결과, 여학생이 다수인 학급은 아주 다른 점이 있다는 것을 알게 되었습니다.

36   여학생이 더 많은 학급에서는 교사가 상대적으로 덜 피곤해진다는 사실을 금세 알게 됩니다. 여학생들이 남학생들보다 수업 내용을 더 쉽게 파악할 뿐 아니라 이해하려는 열의도 더 강하기 때문입니다. 그것 말고도 여러 차이점이 더 있습니다. 가장 먼저 발견하는 차이점은 여학생 숫자가 더 많은 학급의 남학생들이 그렇지 않은 학급의 남학생들보다 수업 내용을 더 쉽게 이해하는 것과는 달리, 남학생 숫자가 더 많은 학급의 여학생들은 쉽사리 열의를 잃어버린다는 사실입니다. 이런 여러 차이점은 남녀 학생들 사이의 소통이나 태도에서 생기지 않고 뭔가 도무지 가늠하기 어려운 요소들에서 생깁니다.

37   교사는 그런 차이점을 놓치지 않도록 관심을 기울여야 합니다.

발도르프 학교의 교사회의에서는 학급 전체에 관한 것이든 개별 학생에 관한 것이든 모든 점을 의논합니다. 그래야 모든 교사가 각 학생의 특성들을 꼼꼼히 볼 수 있기 때문입니다.

38   발도르프 학교 방식에도 물론 어려운 점이 있습니다. 발도르프 학교의 교사들은 학생들의 진정한 발달을 위해서 수업에서 무엇을 할지를 두고 다른 교사들보다 훨씬 많이 고민합니다. 지금까지 제가 여러분에게 한 이야기도 모두 수업을 어떻게 할 것인지를 다룬 것이었습니다만, 아동의 나이에 따라 수업에서 무엇을 가르쳐야 할 것인지를 파악해서 수업을 구성해야 하기 때문에 고민이 더 많아지는 것입니다.

39   한번 생각해 봅시다. 교사가 만 9세에서 10세 사이의 아이에게 맞는 학급에 편성되어 있는 그 나이의 아이를 별다른 고민 없이 유급시킨 뒤, 다음 해에 이미 그 아이의 나이에 맞지 않는 것이 되어버린 것을 가르친다면 어떻게 될까요? 그래서 우리는 아이들이 이른바 학습목표를 달성하지 못해도 어떤 경우에도 유급시키지 않습니다. 우리가 하는 방식은 아이들을 간단히 유급시켜서 그 학년을 다시 다니게 하는 것에 비해서 불편합니다. 하지만 우리는 아이들을 유급시키지 않습니다. 우리가 택하는 유일한 해결책은 공부에서 뒤처지는 아이들을 한 반에 모으는 것입니다. 그런 다음 카를 슈베르트 박사처럼 그 분야의 노련한 전문가에게 수업을 맡깁니다.

40   각 학급에서 어떤 면에서든 학습 부진 아이들을 골라 한 반에

넣습니다. 물론 우리 학교에는 많은 학생이 있으므로 재능이 떨어지는 학생들을 위한 학급을 추가로 편성할 수는 없습니다.

41　　말씀드린 것처럼 우리는 아이들을 유급시키지 않고 무슨 일이 있어도 함께 이끌고 올라가서 아이들이 자신의 나이에 적합한 것을 찾도록 합니다.

————————

42　　사춘기까지, 즉 초등학교를 졸업할 때까지 학습에 진척이 늦어서 모든 수업에 다 참석할 수 없는 아이들을 위해서 우리는 모든 수업 수단을 동원해서 두 가지 방향으로 생활에 맞는 세상의 감각을 얻도록 인도합니다. 한편으로는 자연과 역사 수업을 통해서 아이가 사람의 본성에 대한 지식을 얻도록 하는 것, 즉 사람이 이 세상에서 어떤 위치에 있는지를 알도록 하는 것입니다. 그래서 우리의 모든 수업은 사람의 본성에 대한 학습에 초점이 맞춰져 있습니다. 우리는 학생이 7, 8학년, 즉 만 13, 14세가 되면 실제로 사람을 이해하는 학습을 마칠 수 있도록 수업을 구성합니다. 그 무렵이 되면 아동은 그때까지 배운 것을 통해서 사람은 어떤 법칙성을 가지고 있으며 사람에게 작용하는 힘들과 물질 성분 등은 어떻게 연결되어 있는지, 사람은 세상의 모든 물질적인 것, 영혼적인 것, 정신적인 것들과 어떻게 관련된 것인지에 대하여 생각을 할 수 있게 됩니다. 그러면 아이들은 나름대로 전체 우주 안에서 사람이 어떤 존재인지를 알게 됩니다. 그것이 우리가 그 아이들을 이끌어가려는 한 방향입니다.

43   우리가 시도하는 다른 방향은 아이들이 실생활에 대한 이해를 가질 수 있도록 이끄는 것입니다. 오늘날 실제로 대부분의 사람들, 곧 도시에서 성장한 사람들은 어떤 물건, 예를 들어 종이 같은 물건이 어떻게 만들어지는지 전혀 모릅니다. 너무나 많은 사람이 자신이 사용하는 종이가 어떻게 나오는지 모르는 겁니다. 자기들이 입는 것을 만드는 재료가 어떻게 만들어지는지, 가죽구두의 그 가죽이 어떻게 만들어지는지 모르는 사람이 너무 많습니다.

44   수없이 많은 사람이 맥주를 마시지만, 맥주가 어떻게 만들어지는지 아는 사람은 별로 없지 않습니까? 생각해 보면 이건 사실 끔찍한 일입니다. 물론 모든 학습을 그런 방향으로 구성할 수는 없습니다만, 가능한 한 그렇게 수업을 구성해서, 아이들이 수많은 업종에서 사람들이 어떤 일을 하는지 대강 알게 될 뿐 아니라 현실에서 이루어지는 작업들을 실제로 하도록 이끌려고 합니다.

45   오늘날 교육담당기관이 요구하는 교육 기준에 따르면, 이런 교육을 통해서 실제 생활에 적합하게 교육하는 일은 대단히 어려운 작업입니다. 때로는 아주 곤란한 상황에 부딪히기도 합니다. 예를 들어 이런 일도 있습니다. 2학년을 마치고 막 3학년으로 올라간 학생이 있었습니다. 학부모의 사정으로 우리는 그 아동을 다른 학교로 전학시켜야 했습니다. 그런데 새 학교의 사람들은 우리를 신랄하게 비난했습니다. 산수, 읽기, 쓰기에서 아이가 그 학교에서 기대한 수준에 도달해 있지 않았기 때문입니다. 새 학교의 관계자가 우리에게 편지를 썼습니다. 오이리트

미와 그림 그리기 같은 것밖에 못하는 학생을 데리고 뭘 어떻게 시작해야 할지 모르겠다고 말입니다.

46   결국 사람에 대한 이해를 목표로 실제 생활을 중심으로 아동을 교육하는 우리도 아동이 일정한 시기까지 읽기와 쓰기 등에서 오늘날 사람들이 요구하는 수준에 도달하도록 해야 합니다. 따라서 오늘날 관행적으로 요구하는 그 수많은 것 또한 아이에게 가르쳐야 한다는 겁니다.

47   이래서 발도르프 학교에서도 진정으로 사람에 대한 이해에서 흘러나오는 것이 아니라고 여겨지는 이것저것을 아이들에게 가르쳐야 합니다. 하지만 어느 경우에도 우리는 아동이 실생활에 가까이 갈 수 있게 하기 위해 노력합니다.

48   그래서 저는 할 수만 있다면 기꺼이 구두를 짓는 제화공을 교사로 채용할 용의가 있습니다. 그런데 오늘날의 교과과정 요구사항에 따르면 그런 과목은 도입할 수가 없습니다. 하지만 표본이 되도록 하기 위해서라도 저는 발도르프 학교의 교사진으로 제화공을 채용해서 아이들이 이론이 아니라 실제로 수작업의 손놀림 등을 포함해서 신발 만드는 방법을 배우도록 하고 싶었습니다. 물론 감독기관의 담당자들이 허락하지 않아 그런 일은 일어나지 않았습니다. 사실 그런 학습이야말로 아이들이 현실 생활에서 제대로 살아가는 데 도움이 될 텐데 말입니다. 그래도 우리는 아이들이 실용적인 수작업을 배우도록 합니다.

49 발도르프 학교에 오시면 아이들이 교사의 지도 아래 아주 깔끔하게 제본을 하고 여러 가지 판지 작업을 하는 모습, 그리고 수공예와 같은 예술 작업을 하는 광경을 보실 수 있습니다. 우리 학교에서는 요즘 일반화되어 있는 것처럼 따로 여학생을 위한 수공예 수업을 하지 않습니다. 예를 들어 여성이 입는 옷을 보면 상체에 입는 것, 허리에 입는 것, 하체에 두르는 것 등이 서로 차이가 없습니다. 목에 걸치는 것이면 그것 나름의 특성이 있어야 한다는 것을 생각하지 않습니다 (개요만 그린 것이지만 그림 I 참조). 허리에 입는 것이면 위는 어떻고 아래는 어떻고 하는 특징이 있어야 하는데 그렇지가 않습니다 (그림 II 참조).

그림 I   그림 II

50 우리 학교에서는 아이들이 방석을 만들 때 절대로 앞면과 뒷면이 같도록 하지 않습니다. 어느 쪽이 엉덩이를 대고 앉는 부분인지를 금세 알아보게 하는 겁니다. 심지어 방석의 오른쪽, 왼쪽을 구분할 수 있도록 합니다. 그것은 현실 생활이 아이들이 만드는 모든 것에 영향을 미치고 섞여 들도록 하기 위한 것입니다. 그렇게 하면 아이들은 많은 것을 배웁니다. 그런 방식으로 우리는 아이들이 생활 속에 들어가도록 합니다.

51 우리는 성적표 같은 세세한 부분에도 같은 원칙을 적용합니다. 제가 평생 이해하지 못하는 것은 어느 아동의 능력을 2, 3, 1, 1 ½ 등의 수치로 표현하는 것이 무엇을 뜻하는가, 하는 문제입니다. 영국에서도

성적표에 숫자나 알파벳을 써서 그 아동이 할 수 있는 게 뭔지를 알려주는지 모르겠습니다. 중부 유럽에서는 3이니 4니 하며 성적을 매깁니다. 하지만 우리는 그런 성적표를 만들지 않습니다. 우리 학교에서는 교사가 아이 하나하나를 잘 알고 있으므로, 아이가 어떤 능력으로 무엇을 했는지, 어떤 말을 했는지, 그 모든 것에서 어떤 발전을 보였는지 서술하는 것으로 성적표를 대신합니다. 또한 해마다 모든 아이의 성적표에 생활과 관련된 시적 문구를 하나씩 적어주어 그 다음 해를 위한 금언으로 삼도록 합니다. 그래서 우리 학교의 성적표는 다음과 같은 내용을 담고 있습니다. 먼저 아동의 이름과 시적인 문구가 있고, 흔히 쓰는 철자나 숫자 표시 없이 교사가 그 아동이 어떤 성격인지, 각 교과에서 어떤 진전을 이루었는지 적습니다. 결국 성적표는 서술문이 됩니다. 이런 성적표를 받으면 아이들은 언제나 기뻐합니다. 그리고 학부모들도 이것을 읽고 아이들이 학교에서 지내는 모습을 제대로 그려볼 수 있게 됩니다.

52   우리 학교는 각 아이의 학부모와 실질적인 연락을 유지해서 교사가 아이를 통해서 그 가정을 알 수 있게 되는 것을 중요하게 여깁니다. 그래야 교사가 그 아동을 제대로 이해할 수 있습니다. 그렇게 되면 아이의 특성을 어떻게 대할지 알게 됩니다. 교사가 어느 아이에게서 발견한 특성을 다른 아이에게서도 발견하는 일은 있을 수 없습니다. 한 아이의 특성이 다른 아이에게서 보인다고 해도 다른 아이에게 그 특성은 전혀 다른 의미가 있으니 말입니다.

53   예를 들어 어느 아이가 흥분한 모습을 보이고 또 다른 아이도 흥분한 모습이라고 해 봅시다. 이때 교사가 첫 번째 아이의 흥분 상태를

알아차리거나 흥분을 진정시키는 것은 전혀 중요하지 않습니다. 중요한 것은 아이의 흥분을 보고는 이 아이는 쉽게 흥분하는 아버지를 흉내 내고 있음을 알아차리는 것입니다. 그리고 또 다른 아이의 흥분은 심장병이 있어서 그런 것임을 알아차리는 것이 중요합니다. 이렇게 교사는 어느 경우에든 아이들의 특성이 무엇에서 생긴 것인지 알아내야 합니다.

54   바로 그런 이유로 교사회의를 합니다. 교사회의는 진정으로 사람을 알아가기 위해서, 그래서 인간에 대한 탐구 노력이 끊임없이 학교를 관통해서 흐르게 하기 위해서 있습니다. 우리는 교사회의에서 우리의 학교를 연구합니다. 그래야 교사에게 필요한 다른 무엇인가가 저절로 모습을 드러냅니다. 교사회의의 본질은 지속적이고 장기적인 연구에 있습니다.

55   지금까지 실천적인 교육 현장의 조건들에 대해 말씀드렸습니다.

56   이 세미나가 몇 주 더 이어진다면 우리가 나눌 이야기가 더 있겠습니다만, 사정이 그렇지 않습니다. 그래서 내일 이 자리에 다시 모여 마음에 담아두었던 것들을 질문으로 털어 내시기 바랍니다. 그럼 내일은 여러분이 질문하고 제가 대답하는 시간이 되도록 하겠습니다.

질의응답

1924년 8월 20일

"이런 수업 방식에서는 곱셈과 나눗셈의 차이가 무엇인가요? 아니면
초등 저학년 시기에는 아예 그런 차이를 가르칠 필요가 없을까요?"

곱셈을 가르칠 때는 적수(積數, Produkt)가 아니라 인수(Faktor)인 피
승수(Multiplikand)가 겉으로 드러나며, 그로부터 다른 인수를 찾아내
는 방식이어야 한다는 저의 이야기 때문에 나온 질문인 것 같습니다. 사
실 그런 방식은 그 용어들로 봐서는 일종의 나눗셈입니다. 누구라도 그
걸 보면 나눗셈을 한다고 생각하겠지요. 용어를 너무 있는 그대로 받아
들이지만 않으면, 나눗셈은 다음과 같은 방법으로 이해할 수 있습니다.

이렇게 물어볼 수 있습니다. "이 전체를 특정 방식으로 나누면, 그렇
게 해서 나온 부분은 얼마일까요?" 그런데 똑같은 것을 다른 버전으로
물어 볼 수도 있습니다. "무엇을 곱해야 이 수가 나올까요?"

말하자면 우리가 여러 부분으로 나누는 것에 초점을 맞추어 질문하
면 나눗셈이 되고, 몇 배로 만드는 것을 중심으로 질문하면 곱셈이 되는
겁니다. 그리고 이 질문들에서 바로 곱셈과 나눗셈 사이에 있는 사고의
내적인 유사성이 드러납니다.

그런데 아이들에게는 두 가지 방법으로 나눗셈을 이해하도록 이른
시기에 알려주어야 합니다. 하나는 방금 말씀드린 것처럼, 제가 전체인
어떤 것을 일정한 개수의 부분으로 나누어 놓으면 아이들은 그 부분의
크기를 찾아내는 것입니다. 이것은 전체에서 시작하여 부분을 찾아가

는 방식입니다. 이게 나눗셈을 하는 한 가지 방식입니다.

또 한 가지 방식은 부분에서 출발해서 그 부분이 전체에 몇 개나 들어 있는지 찾아내는 것입니다. 이렇게 하면 나눗셈은 전체를 나누는 작업이 아니라 분량을 재는 작업이 됩니다. 분량을 재는 작업이 나누는 작업과 다른 점은 교사가 까다로운 용어를 쓰지 않고도 아이들에게 나눗셈을 가르칠 수 있다는 것입니다. 그렇게 하면 나눗셈과 곱셈이 흔한 형식적 계산법에서 벗어나 생활과 연결됩니다.

이 방식으로 여러분은 초등학교의 첫 시기부터 곱셈과 나눗셈의 차이점을 아동에게 알려줄 수 있습니다. 그러면 나눗셈과 곱셈은 흔히 생각하는 형식적인 계산에서 벗어나 생활에 연결됩니다.

이렇게 여러분은 입학 후 첫 시기의 아이들을 배려한 표현 방법에서부터 곱셈과 나눗셈의 차이를 보여줍니다.

하지만 동시에 교사는 그 차이가 뺄셈과 덧셈의 차이보다는 훨씬 미미한 것임을 반드시 알려주어야 합니다. 아이들이 그런 점을 상세하게 이해하는 것은 아주 큰 의미가 있습니다.

저학년 시기에 그 차이를 강조하지 말라고는 할 수 없지만, 방금 말씀드린 대로 하시면 충분합니다.

"아이들이 몇 살이 되면 셈법을 가르칠 때 구체적인 것에서 추상적인 것으로 넘어갈 수 있을까요?"

이 문제에 관해서는 이렇게 생각할 수 있겠습니다. 일단 계산과 연관된 교육은 언제나 구체적인 내용으로 구성하는 것으로 하고, 특히 만 9

세에서 10세경까지는 추상적인 내용이면 어떤 것이라도 피해야 합니다. 그 나이가 될 때까지는 계산 문제를 생활과 직접 연관시킬 수만 있으면 언제나 구체적인 내용으로 수업을 진행해야 합니다.

입학 후 2년에서 2년 반 동안 그렇게 추상적인 계산을 피하고 구체적인 사실들을 계산이라는 틀에 넣어 가르치고 나면, 추상적인 계산 방식으로 넘어가기가 아주 쉽다는 것을 알게 됩니다. 추상적인 계산으로 넘어가기가 쉬워지는 이유는 그렇게 구체적으로 숫자를 다룸으로써 숫자에 담긴 생명이 아이에게 생기도록 했기 때문입니다. 그렇게 되면 덧셈과 뺄셈 등을 추상적인 방법으로 다루는 단계로 넘어갈 수 있게 됩니다.

그러니까 구체적인 계산에서 추상적인 계산으로 넘어가는 시기를 앞서 말씀드린 만 9세에서 10세 사이의 발달 시점까지 되도록 늦추는 것이 중요하다는 얘기입니다.

구체적인 계산에서 추상적인 계산으로 넘어가는 데 크게 도움이 되는 것은 생활에서 가장 자주 해야 하는 계산, 즉 돈을 낼 때의 계산입니다. 이 문제에서는 여기 영국에 계신 여러분이 저 해협 건너 유럽 대륙에서 십진법을 사용하는 저희보다 유리합니다. 이곳의 여러분은 화폐 단위에서 십진법보다 더 좋아하는 제도를 사용하니 말입니다. 여러분 스스로도 이곳의 화폐 단위에 더 호감이 가는지는 모르겠습니다만, 행여라도 이곳의 방식이 십진법보다 더 호감이 간다는 것에 동의하지 않으신다면 건강하지 않은 사고입니다. 이곳에서 돈을 세는 방식은 대단히 현실적이고, 그래서 건강한 방식입니다. 여기서는 여전히 12진법과 20진법을 사용하는데, 대륙에서는 그런 방식을 흔히 말하듯 한물간 것으로 여깁니다. 여기서도 도량형은 십진법을 사용하고 있습니까?

그러자 어느 참가자가 영국에서는 학술 분야 말고 일상생활에
서는 십진법을 사용하지 않는다고 대답했다.

역시 여러분은 여전히 더 호감이 가는 도량형을 사용하고 계시는군
요! 그런 도량형은 모든 점에서 구체적인 것으로 구성된 도량형입니다.
여러분은 숫자를 쓸 때만 십진법을 사용하시는군요.

십진법은 무엇에 바탕을 둔 것일까요? 그건 원래는 자연에 맞게 만들
어졌습니다. 앞서 말씀드린 것처럼, 숫자를 만드는 것은 두뇌가 아니라
몸 전체입니다. 두뇌는 숫자를 비추어 보여줄 따름입니다. 그리고 사실
사람이란 현실에서는 10이 아니면 사실상 기껏해야 20이라는 숫자만
을 갖는 것이 당연합니다. 10이라는 숫자가 있는 이유는 사람의 손가락
이 열 개이기 때문입니다. 1에서 10까지의 숫자를 한번 써 보기만 하면,
우리는 숫자를 마치 구체적인 사물로 여기기 시작합니다.

한번 "당나귀 2마리"라고 써봅시다. 여기서 당나귀는 구체적인 사물
이고 2는 숫자입니다. "개 2마리"라고 해도 마찬가지입니다. 그런데 20
이라는 수를 쓰면 그건 다름 아닌 "2 곱하기10"입니다. 여기서 10은 구
체적인 사물의 자리에 옵니다. 이렇게 우리가 사용하는 십진법이 생긴
배경은 역사가 불안정하게 오락가락하고 우리가 세상에서 일어나는 일
들을 제대로 파악할 수 없게 되자 숫자 자체를 마치 구체적인 사물인
양 여기면서 동시에 그것을 추상화하기 시작한 것이었습니다. 어떤 수
라도 그것 자체를 구체적인 사물로 여기면서 동시에 그것을 다시 추상
화하지 않으면 우리는 어떤 계산도 해나갈 수 없을 것입니다. 100이라
는 숫자는 10×10에서 일 뿐입니다. 제가 10×10을 100으로 여기거나

10×10마리의 개를 가지고 있다면, 그 둘은 같은 말로, 개가 있다는 한 가지 사실과 100이라는 구체적인 사물이 있다는 또 한 가지 사실을 가리킬 뿐입니다. 그런데도 사람들은 숫자 자체를 거꾸로 구체적인 사물로 여긴다는 것이 계산에 숨어 있는 비밀입니다. 이 사실을 잘 생각해 보면 바로 여기에 현실의 이행이 일어납니다. 사람들은 열 개 묶음 둘이라고 하는 것과 마찬가지로 열 둘씩 둘 또는 두 다스라고 말합니다. 다만 열 개에 대해서는 '다스'처럼 뭔가 이름을 붙이지 않았습니다. 십진법이란 것이 바로 추상화를 염두에 두고 만들어진 것이기 때문입니다. 다스나 실링이라는 단위에서 보듯, 십진법이 아닌 다른 모든 숫자 체계는 양을 표시하는 방법이 훨씬 구체적입니다. 1실링은 얼마인가요? 1실링은 화폐에서는 12펜스입니다.

그런데 1실링은 경우에 따라서 30개라는 분량을 가리키는 하나의 단위로 이해할 수도 있습니다. 제가 오랜 세월 살았던 마을에는 도로 양쪽에 집들이 길을 따라 죽 늘어서 있었습니다. 그리고 집 앞에는 호두나무들이 곳곳에 있었습니다. 그래서 가을이 되면 아이들이 호두를 따서 겨울에 먹으려고 저장합니다. 그리고는 학교에서 그걸 자랑합니다. 한 아이는 이렇게 말합니다. "난 5실링이 있어." 그러면 다른 아이가 자랑합니다. "나는 호두가 10실링이나 있다고." 아이들은 자기가 가진 것을 이렇게 아주 구체적인 사물로 여깁니다. 여기서 1실링은 언제나 30개였습니다. 농부들은 나무 전체에 달린 호두를 털기 전에 그 분량을 눈대중으로 쳐다봅니다. 그들은 "호두 실링"이라는 하나의 단위로 수확할 양을 말했습니다. 그들은 아무런 문제 없이 공공연하게 그 단위로 호두를 사고팔았습니다.

한 다스, 두 다스, 한 쌍, 두 쌍 등 구체적 대상물로 수를 세는 가운데 우리는 구체적인 것에서 추상적인 것으로 넘어가는 가능성을 보게 됩니다. 실제로도 '장갑 넷'이 아니라 '장갑 두 쌍', '신발 넷'이 아니라 '신발 두 켤레'라고 말하니까요. 그런 단위를 사용함으로써 구체적인 것에서 추상적인 것으로 넘어갈 수 있으며, 그런 방식으로 계산 방법의 변화를 천천히 준비할 수 있습니다. 이렇게 추상적인 수로 넘어가는 것은 만 9세에서 10세 사이에 하는 것이 바람직합니다.

"미술 수업은 어느 시기에 어떤 방법으로 가르쳐야 할까요?"

미술 수업에서 실제로 중요한 것은 그 질문에 예술의 빛을 비춰 보는 겁니다. 그리기는 일종의 눈속임이라는 사실을 생각해야 합니다. 그리기는 도대체 무엇을 의미할까요? 선을 그어서 뭔가를 묘사하는 겁니다.

그런데, 현실에서는 그런 선이란 존재하지 않습니다. 현실에서는 이렇습니다. 여기 바다가 있습니다(그림 I 참조). 바다는 색으로 표시합니다(녹색). 그 위에는 하늘입니다.

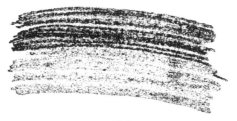

그림 I

하늘 역시 색으로 표시합니다(파랑). 두 가지 색을 칠한 것을 보면 아래는 바다이고 위는 하늘입니다(그림 I 참조). 각기 다른 색으로 된 두

면이 만나는 부분에는 저절로 선이 생깁니다. 이곳에서(그림의 수평선 참조) 하늘과 바다가 만난다고 말하면, 그건 무척 의미심장한 추상화입니다. 그런 표현을 통해서 우리는 일종의 감각을 얻게 됩니다. 실제를 그렇게 표현하면 우리는 그 실제를 색을 통해서, 아니면 적어도 명암을 통해서 파악하게 됩니다.

내가 어떤 얼굴을 그린다면 어떻게 할까요? 이런 얼굴이 있을 법한가요? (얼굴의 윤곽선을 그린 그림 II 참조) 이게 뭔가요? 사실 이런 얼굴은 세상에 있을 수 없습니다. 실제로 있다면 이렇게 해 볼 수 있습니다.

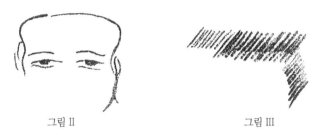

그림 II   그림 III

(빗금으로 겹쳐 그린 그림 III 참조). 여기에는 명암으로 어느 정도 면들이 생겨나고, 거기에서 얼굴 형태가 만들어집니다. 선으로 그려서 얼굴을 표현한다는 건 사실 눈속임입니다. 그런 얼굴이란 없으니까요.

우리가 예술적으로 느끼면 흑백으로 작업하거나 색으로 작업하는 감각이 생깁니다. 그렇게 되면 선들은 저절로 드러나지요. 명암으로나 색으로 표현된 것에서 드러나는 선을 찾아 따라가면 비로소 그림의 선들이 눈에 보입니다.

그러므로 미술 수업은 선으로 형태를 그리는 것이 아니라 습식 수채화, 채색법, 명암법으로 시작해야 합니다.

또한 미술 수업이 그 자체로 의미가 있으려면, 그림은 실제가 아니라

는 것을 의식하는 가운데 이루어져야 합니다. 사람들이 그림 그리기에
그토록 많은 의미를 부여하는 사고방식은 엄청난 부작용을 낳았습니
다. 그 바람에 예를 들어 광학에서처럼 끝없이 선을 그려서 빛을 표현
하는 일도 생기게 되었습니다. 하지만 현실에서 그렇게 선으로 된 빛이
란 게 어디 있습니까? 그런 건 세상 어디에도 없습니다. 현실에 존재하
는 것은 오로지 선이 아닌 '상'입니다. 우리가 벽에 구멍을 내면 햇빛이
새어 들어오고, 그 빛으로 한 면에 어떤 상이 만들어집니다. 겨우 방안
의 먼지 하나하나에 빛이 비쳐 만들어지는 상 정도가 우리가 빛의 모습
을 만나는 기회입니다. 방에 먼지가 많을수록 빛의 방향은 선명하게 보
입니다. 빛이 먼지 알갱이에서 만들어낸 그 상을 우리가 보는 셈입니다.
그런데 우리가 흔히·하듯 선으로, 소위 '광선'으로 무언가를 그리는 것
은 엉뚱한 짓입니다. 예를 들어 원근법을 가르칠 때처럼 설명하는 방법
에서부터 추상성을 가지고 아이에게 접근할 때 비로소 우리는 시각적
인 것을 선으로 표현할 수 있게 됩니다.

어쨌든 아이가 선으로 말이나 개를 그리도록 가르치지 말고 붓을 집
어 그런 것들을 그리게 해야 합니다. 선으로 윤곽을 그리는 건 일단 바
람직하지 않다는 겁니다. 개의 윤곽선이란 존재하지 않습니다. 그런 선
이 어디에 있습니까? 여기 눈앞에 놓인 것을 종이 위에 그리면 선은 저
절로 나타납니다. 현재 발도로프 학교는 학생들만이 아니라 교사들에
게도 인기가 있습니다. 바깥세상에서 가르치는 수많은 교사가 발도르
프 학교에 오고 싶어합니다. 우리 학교가 교사들에게 더 마음에 들기 때
문입니다. 근래에는 정말 많은 사람들이 저한테 와서 발도르프 교육 세
미나에서 배운 것을 선보이며 교사가 되려고 합니다. 그렇게 다가오는

교사들 가운데 역사 교사와 어학 부문 교사들을 보면서도 좀 놀랐지만, 저를 가장 심하게 놀라게 한 경우는 미술 교사들입니다. 그 교사들이 예술적 감각과는 상관이 없는 공예를 했기 때문입니다.

실명을 밝히지 않으니까 편하게 이야기하겠습니다만, 결과적으로 미술 교사들과는 이야기가 거의 통하지 않았습니다. 그들은 너무나 내면이 메말라버려 심하게 비인간적인 사람들이었습니다. 그들은 현실이 뭔지 전혀 모르더군요. 그림 그리기가 직업인 바람에 그들은 모든 현실에서 벗어나 있었습니다. 우리 학교에서 하고 있지도 않은 것을 가르치고 싶어할 뿐 아니라, 이야기를 나누기가 힘든 사람들이었습니다. 게다가 비현실적인 그림을 그리므로 직업상 교사들의 영혼 상태(Seelenkonfiguration)도 대단히 기묘했습니다. 혀는 늘 바짝 말라 있었습니다. 그들이 하는 일이 완전히 현실에서 벗어나 있다는 이유만으로도 그들은 점점 더 끔찍해졌습니다. 지금 하신 질문에는 이 정도로 대답하고 싶습니다. 어떤 경우에도 미술 수업은 선으로 그림을 그리는 것이 아니라 습식 수채화로 시작해야 한다고 말입니다. 이건 아주 핵심적인 문제입니다.

여러분이 이 문제를 두고 오해하시는 일이 없도록 좀 더 설명해 보려 합니다. 자칫하면 제가 사적으로 미술 교사들에게 반감이 있다고 생각하실 수도 있기 때문입니다. 이렇게 말씀드리면 어떨까요. 여기 한 무리의 아동이 앉아 있습니다. 그런데 한쪽에서 아이들 쪽으로 해가 듭니다. 햇빛이 비치면서 온통 환해집니다(177쪽 그림 참조). 그러자 밝게 비치는 곳들이 눈에 띕니다. 실내는 온통 햇빛으로 가득합니다. 그렇게 해가 비쳐 들어서 온통 밝은 곳들이 눈에 들어옵니다(그림의 흰색 부분). 저쪽에는 밝은 부분이 보이지 않고 어둡습니다(파랑). 그런데 아주 작기는 하지만 밝은 부분 아래에도 어두운 곳들이 눈에 띕니다. 햇빛을 받아 녹색으로 보이는 부분이 보입니다. 녹색으로 나타나는 부분이 있습니다. 그곳에 해가 비치자 흰색으로 보입니다. 그런데 아주 어두운 그림자가 덮치기 전에 그곳은 녹색으로도 보이고, 어두운 그림자 아래도 약간 녹색으로 보입니다. 그리고 그 둘 사이에는 기묘한 것이 끼여 있습니다. 거기에는 햇빛이 제대로 비추지 않았습니다.

아시다시피 저는 빛과 그림자 이야기를 했는데요, 빛이 비치지 않는

곳에도 뭔가가 있다는 말입니다. 그리고 나무 한 그루를 그렸습니다. 저는 오로지 빛과 색채 이야기만 했고, 또 나무를 그렸습니다. 하지만 우리가 그 나무를 그린다는 것은 있을 수 없는 얘기입니다. 그것은 오로지 빛과 그림자와 녹색으로만 그릴 수 있고, 예쁜 사과가 달려 있으면 기껏해야 노랑 정도를 추가할 수 있을 뿐입니다. 우리는 색채와 빛과 그림자를 말하는데, 실제로 존재하는 것은 색, 빛, 그리고 그림자로 밖에는 표현할 수 없습니다. 선으로 형태를 그리는 작업은 오로지 기하학이나 기하학과 연관된 부분에서만 가르쳐야 합니다. 기하학에서는 오로지 선만 다루기 때문입니다. 물론 기하학의 선이란 것도 머리 속에서 만들어 낸 것에 지나지 않습니다. 실재하는 것들은 펜으로 그리면 안되지만, 예를 들어 나무는 명암이나 색채로 그려내야 합니다. 실제로 생명 안에 담겨 있는 것은 명암과 색채이니까요.

그런데 훌륭한 미술 교사 한 분이 오셔서 여기 그린 이 나무를 선으로 따라 그리게 한다면 그것은 야만적인 짓에 해당합니다. 실제로 여기에는 밝은 부분과 어두운 부분이 있습니다. 이것이 자연스런 것이죠. 근데 누군가 선으로 그림을 그린다면 그것은 속임수에 지나지 않습니다.

"직접 교수법을 적용하여 번역하지 않고 라틴어와 고전 그리스어를 사용해도 될까요?"

라틴어와 고전 그리스어는 이 문제에서 예외로 적용될 수 있습니다. 라틴어와 그리스어는 이미 더 이상 쓰이지 않는 죽은 언어이므로 직접 우리 생활에 맞게 바꿀 필요가 없습니다. 그래서 라틴어와 고전 그리스어 수업은 - 먼저 라틴어를 시작하고 그 다음에 그리스어로 넘어가는 게 바람직한데 - 어차피 학생들에게 나중에 가르치므로, 그 언어들을 번역하면서 공부하는 방법은 어느 정도 타당해 보입니다.

라틴어와 그리스어 수업은 그 언어로 대화를 나누는 것이 아니라 고전 작가들을 이해하는 것이 목적입니다. 분명한 것은 애초부터 번역하기 위해서 그 언어들을 배운다는 사실입니다. 라틴어는 어디에 쓰일까요? 의사에게 필요한 언어입니다. 죽은 언어인데 왜 지금도 배워야 할까요? 옛날에 사용하던 전통이 그대로 이어져서 그렇습니다. 옛날 관습이 계속 전해지는 데는 납득할 만한 이유란 없습니다.

훈장 같은 것도 마찬가지입니다. 옛날에는 그런 것들이 아주 중요하게 여겨졌고 또 의미심장한 상징물이었습니다. 오늘날에는 중요하거나 의미심장하지 않으면서도 그것들은 관습이 되어 계속 존재합니다. 같은 이유로 예를 들어 의사들은 환자 곁에서 다른 의료인들과 전문적인 이야기를 나눌 때 그 내용을 환자가 알아듣고 불안해하는 일이 없도록 하기 위해 그런 고전어를 사용합니다. 그럴 경우에는 생각하는 것을 라틴어로 옮겨야 합니다. 오늘날 현실에서 통용되는 언어에 적용하는 방법은 고전 그리스어와 라틴어 학습에는 사용되지 않습니다.

제가 영국에서 교육학을 언급할 때마다 등장하는 질문이 이번에도 다시 나왔습니다.

"체육 수업은 어떻게 해야 할까요? 영국 학교에서 하키나 크리켓 같은 스포츠를 가르쳐야 할까요? 해야 한다면 어떤 식으로 하면 될까요?"

180

발도르프 학교 교수법에 따른다는 이유로 그런 종목을 막을 의도는 전혀 없습니다. 그 종목들은 영국인의 삶에서 큰 부분을 차지하고 있고 아동은 그 안에서 자라나므로 배워도 됩니다. 하지만 그 스포츠 종목들이 아이들이 세상과 동떨어진 사람으로 자라지 않도록 한다는 사실 이외에 다른 의미가 있다고 착각해서는 안 됩니다. 스포츠가 아이의 발달에 엄청난 가치가 있다고 믿는다면 그것은 잘못된 생각입니다. 스포츠는 아동발달에 그다지 큰 가치가 있지는 않습니다. 스포츠의 의미는 인기 있는 종목을 알아야 아이가 이방인으로 자라지 않는다는 것밖에 없습니다. 영국 사람들은 스포츠를 좋아하니까 아이들에게 그걸 가르쳐야 합니다. 그러니 교사는 스포츠에 대해서 어떤 형태로든 고리타분하게 반대하는 태도를 취해서는 안 됩니다. 그건 정말 고리타분한 태도이지요.

그리고 질문의 핵심인 "어떻게 가르칠 것인가?" 하는 문제에 관해서는 사실 이야기할 수 있는 것이 별로 없습니다. 그 문제에서는 정말 교사가 시범을 보이고 아이들이 따라하는 것이 핵심이니 말입니다. 그럼에도 뭔가 특별한 인위적인 방법을 고안해낸다면 그건 별로 적절한 일이 아닐 것입니다.

체육 수업에서, 이를테면 체조 분야에서 중요한 것은 해부학과 생리학을 통해서 신체조직의 어떤 부분이 어떤 위치에 있어야 경쾌하게 움직이는 데 유익한지를 알아야 합니다. 이때 중요한 것은 무엇이 신체조직을 숙련되고 경쾌하고 민첩하게 움직이도록 하는지 제대로 느끼는 것입니다. 그런 것을 느낀 다음에는 시범을 보이는 일만 남습니다. 만일 철봉이 있으면 늘 여러 가지 운동을 할 것입니다. 하지만 철봉에서 할 수 있는 것 가운데 가장 유익한 운동은 하지 않는 것이 보통입니다. 그 운동은 철봉에 다리를 걸고 매달려 흔들면서 철봉 잡기를 되풀이하는 것입니다. 뛰지 않고 철봉에 매달려서 공중에서 움직이면서 갖가지 움직임을 하고 손으로 철봉을 잡기도 합니다. 그러면 팔의 근육들이 만들어져서 그 변화는 정말로 모든 신체 조직에 건강한 영향을 미칩니다.

교사는 근육 내부의 어떤 움직임들이 신체조직을 건강하게 만드는지 연구해야 합니다. 그러면 어떤 동작을 가르쳐야 할지 알게 됩니다. 그런 다음에는 그 운동을 시범으로 보이면 됩니다. 결국 방법론이라 하면 시범을 보이는데 있습니다.

"나이에 따라서 종교 수업은 어떻게 달라져야 합니까?"

저는 언제나 실천에 바탕을 두고 이야기합니다. 따라서 발도르프 학교의 방법은 교육을 위한 방법일 뿐, 어떤 세계관이나 사이비 종파의 교리를 학교에 끌어들이는 것이 아니라고 말씀드립니다. 그래서 이 문제에서도 발도르프 학교의 원칙에 의해 실행되는 활동만을 이야기할 수 있습니다.

발도르프 학교를 세운 곳은 학교법이 아주 자유로운 독일 뷔르템베르크 주였으므로 비교적 문제가 없었습니다. 그 주의 담당자들은 우리를 환영했고, 심지어 교원자격시험의 합격 여부와는 상관없이 교사를 선발하겠다는 우리 요구까지 관철시킬 수 있었습니다. 어쨌든 제 생각으로는 국가자격시험은 발도르프 학교에서 교사로 일하는 데 필요한 조건은 아니었거든요. 그런 면에서는 모든 것이 아주 수월하게 돌아갔습니다. 하지만 이미 학교 설립 당시부터 우리는 한 가지 입장을 강하게 밀고 나가야 했습니다. 그것은 바로 우리 학교가 하나의 교육방법론에 기초한 학교라는 점이었습니다. 우리는 오늘날의 사회 문제에 개입하지 않기로 한 것입니다. 우리는 인지학을 바탕으로 최선의 교육 방법을 찾아서, 순수하게 어떤 방법론에 기초해서 가르치는 학교입니다.

그래서 저는 애초부터 종교 수업을 교육과정에 포함시키지 않았고, 그 대신 가톨릭 종교 수업은 가톨릭 신부에게, 개신교 종교 수업은 개신교 목사에게 위임했습니다.

개교 초기 몇 년 동안은 학생 대부분이 에밀 몰트 사장의 공장에서 왔습니다. 많은 학생이 교회에서 이탈한 사람들의 자녀이거나 종교가 없는 부모 밑에서 자란 경우였습니다. 하지만 우리는 교육적 양심에 따라 그 아이들에게도 어떤 형태로든 종교 수업을 제공하게 되었습니다. 그래서 우리는 그 학생들을 위해서 자유종교 수업을 개설했습니다. 그래서 우리는 이런 자유종교 수업을 위해 교육방법론을 만들었습니다.

자유종교 수업에서 우리는 먼저 자연의 모든 사물을 관찰하고 감사하는 마음을 갖도록 가르칩니다. 보통은 전설과 신화에 등장하는 것들로서, 바위, 식물 등이 무엇인지를 그저 이야기해주지만, 이 수업의 주된 내용은 아이들이 모든 것에 깃든 신성을 느끼도록 이끄는 것입니다. 말하자면 우리는 아이들에게 적합한 형태로 만들어, 말하자면 일종의 종교적 자연주의로 시작합니다.

앞에서 말씀드린 것처럼 만 9세에서 10세 이전의 아이들은 어차피 신약성서를 이해하지 못합니다. 겨우 그 나이가 되어서야 비로소 신약성서로 넘어간 다음에 구약성서를 다룹니다. 그러니까 보통 처음에는 아이들에게 일종의 자연종교를 가르치는 것입니다. 이를 위해서 우리는 우리만의 방법이 있습니다. 물론 일반적인 종교 수업도 그와 비슷한 방법으로 진행되리라 생각합니다. 우리는 그런 일반적인 종교 수업의 긍정적인 내용도 사용해야 할 것입니다. 그래야 성서 이야기를 동원하지 않으면서도 좀 더 보편적인 방법으로 아이들에게 종교를 가르칠 수 있기 때문입니다.

그 다음 만 9세에서 10세 사이에 처음으로 신약성서로, 그리고 훨씬 나중에, 즉 만 12, 13세에 구약성서로 넘어갑니다.

우리의 자유종교 수업은 이 정도로 생각하시면 됩니다. 우리는 가톨릭이나 개신교 종교 수업에 상관하지 않습니다. 그 수업은 언제나 가톨릭 신부와 개신교 목사가 진행하도록 맡겨 둡니다. 자유종교 수업에서도 일요일마다 일종의 의식이 있습니다. 한 가지 특별한 의식은 모두를 위해서 이루어지고, 또 하나의 특별한 의식은 만 14세가 되어 학교를 떠나는 학생을 위한 것입니다. 의식에서 행해지는 것은 실질적으로 여러 해가 지나면서 자연스럽게 만들어진 것입니다. 의식은 종교적 심성이 깊어지는 데 대단한 효과가 있고, 또 그것은 아이들로 하여금 아주 경건한 분위기를 느끼게 해줍니다.

우리는 학부모들도 이런 의식에 참여하도록 합니다. 그리고 자유종교 수업이 그리스도교 신앙을 되살리는 데 크게 기여한다는 사실을 알게 되었습니다. 입학하고 첫 몇 해 동안 아이들은 발도르프 학교의 자연주의적인 종교 수업을 통해서 나중에 "그리스도에 관한 비밀"(Christus-Geheimnisse)을 수준 높게 배울 준비를 하는 셈이므로, 이 수업은 그리스도교에도 유익한 일입니다.

우리 학교의 자유종교 수업은 날이 갈수록 참여하는 학생으로 넘쳐 납니다. 갖가지 배경의 아이들이 개신교와 가톨릭의 종교 수업에서도 넘어옵니다. 하지만 우리는 자유종교 수업으로 넘어오도록 선전하지 않습니다. 안 그래도 이 종교 수업을 담당하는 교사를 구하기가 어려운 상황이어서 너무 많은 아이가 오는 것을 달가워하지 않는 형편이고, 또 다른 이유는 무엇보다 우리 학교가 인지학을 신봉하는 학교라고 소문 이 나는, 정말 원치 않는 일이 생길까 걱정이 되어서 그렇습니다. 그 수 업은 오로지 우리의 교육자적 양심에 의해 만들어졌을 따름입니다. 그 런데도 점점 더 많은 아이가 가톨릭과 개신교 종교 수업에서 자유종교 수업으로 옮깁니다. 그게 더 마음에 드니 그러는 것이지, 우리 탓이 아 닙니다. 우리 탓이라고 생각하지 않습니다. 앞서 말씀드린 것처럼, 우리 학교의 원칙은 종교 수업을 각 종파의 신부나 목사에게 맡긴다는 것입 니다. 그러니까 우리가 종교 수업을 어떻게 하는지 물으시면, 저는 방금 말씀드린 대로 우리 학교에서 진행하는 자유종교 수업에 관해서만 설 명할 수 있습니다.

"에포크 수업의 주제들은 특정한 차례로 진행해야 합니까?"

그 문제는 논란이 많은 것이 당연하지만, 실제 현장에서는 그다지 중 요하지 않다는 생각입니다. 일학년에서는 기껏해야 쓰기 수업 다음에 천천히 읽기로 넘어가고 이어서 연산을 비롯한 몇 가지 안 되는 주제 로 넘어가는 식으로 에포크 수업 주제에 변화를 주는 정도로 합니다. 그 러는 동안 그 주제들을 어떤 순서로 하느냐는 그다지 큰 의미가 없음을 알게 됩니다. 적어도 지금까지 우리가 경험한 바에 따르면, 그 순서를 두고는 별다른 고민을 할 필요가 없었습니다.

> "영국의 학교에서 처음부터 프랑스어와 독일어를 가르쳐야 할까요?
> 만 5, 6세에 학교에 오는 아이들은 일종의 유아예비 학급에 들어오는
> 데요, 거기서도 외국어 수업을 해야 할까요?"

우선 언급하고 지나갈 것은 영국 학교에서 처음부터 프랑스어와 독일어를 가르칠 것인가, 하는 문제는 전적으로 상황에 따라 결정하면 된다는 점입니다. 그런 외국어가 아이들의 삶에 필요하다고 판단되면 해야 합니다. 독일의 발도르프 학교에서는 프랑스어와 영어를 가르치는데요, 우리가 프랑스어를 택한 이유는 다른 언어와는 달리 프랑스어가 훨씬 내면적으로, 즉 아주 유익하게도 어떤 수사학적인 감각을 배울 수 있기 때문이었습니다. 그리고 영어는 이미 세계공통어이고 앞으로 점점 더 폭넓게 쓰이는 세계어가 될 것이기 때문에 선택했습니다.

그러니까 영국 학교에서 프랑스어와 독일어를 가르칠 것인가를 두고 그냥 결정을 내릴 게 아니라, 오로지 그 언어들이 아이들의 환경에서 필요한지를 두고 결정하면 될 일이라고 생각합니다. 어떤 외국어인지가 중요한 게 아니라 다른 언어들을 배운다는 사실이 중요합니다.

또한 학교에 아직 보내지 않아야 좋을 나이인데, 만 5, 6세 아이들이 입학해서 언어를 습득하는 것은 바람직한 일입니다. 언어 습득은 이 연령에 할 수 있는 것이니 말입니다. 언어는 이갈이가 시작되기 전에 어느 정도 배울 수 있습니다. 하지만 학교에 맞는 본격적인 수업은 이갈이가

시작된 다음에 해야 합니다. 일종의 유아예비학급은 언어 수업을 하는 데 활용하시고, 다른 수업은 될 수 있으면 이갈이가 시작될 때까지 미루어야 할 것입니다.

———————

이 강연을 마무리하면서 분명히 말씀드리고 싶은 것이 있습니다. 여러분이 발도르프 방법론을 이곳 영국에서 큰 열매를 맺도록 적극적인 관심을 가지시고 또 엄청난 열정으로 우리의 인지학 방식에 따른 학교를 이곳에 설립하기 위해 애쓰시는 모습에 큰 감명을 받았습니다. 여러분은 슈투트가르트에서 진행된 첫 발도르프 교사양성코스에서 다룬 교육내용과 이곳 영국을 비롯해서 여러 곳에서 열린 세미나의 내용들, 그리고 이번에 여기서 제가 간결하게 던진 언급들을 활용하셔서 이곳 영국에서 제대로 인지학 방식을 따르는 좋은 학교가 설립되길 희망합니다.

여러분은 첫 번째 시도가 성공하는 것이 얼마나 중요한지를 생각하시면 됩니다. 첫 시도가 성공하지 못하면 모든 것을 그 실패를 기준으로 판단하게 되고, 따라서 많은 기회를 잃게 되기 때문입니다. 또한 여러분이 첫 걸음을 뗄 때는 다음과 같은 사실을 세상에 알릴 수 있도록 하는 것이 아주 중요합니다. 즉, 여러분의 교육 방법은 추상적이고 얄팍한 학교 개혁 프로그램들에 있거나 전문성이 빠진 어설픈 방법이 아닙니다. 이것은 사람의 본성에 관한 진정한 인식을 바탕으로 만들어진 교육예술로 발전되어야 합니다. 나아가 이것은 어려운 처지에 놓인 이 시대의 문명이 요청하는 것들 가운데 하나인 것입니다.

여러분이 인지학에 기초한 방법으로 이곳 학교를 설립하시는 데 좋은 결과가 있기를 바라면서 강연을 마치겠습니다.

이 강연록에 관하여

이 책에 수록된 강연은 본래 〈교육학 강좌: 발도르프 교육을 바탕으로 런던에 설립되는 학교의 초대 교사진을 위하여〉라는 제목이 붙어 있었다. 이 일련의 강연에 관해 루돌프 슈타이너는 다음과 같이 밝힌 바 있다.

"교육학 강좌에서 저는 발도르프 학교를 모델로 이곳 영국에서 설립되는 초등학교의 교사진에게 일종의 세미나 과정을 제공하려고 노력합니다. 교사들이 알아야 할 원칙과 교육예술을 실천에 옮기기 위해 반드시 필요한 영혼의 상태를 설명하고, 각 교육 분야와 수업 과목을 위한 구체적인 방법을 제시하려는 것입니다. 강연의 모든 내용은 사람에 관한 진정한 인식에 바탕을 둔 수업을 지향하고 있습니다."

　　　–〈일반인지학협회 성탄절회의 헌장〉(Die Konstitution einer Allgemeinen
　　　　Anthroposophischen Gesellschaft durch die Weinachtstagung, 1924년 8월 24일 발
　　　　행 소식지, 24쪽, 전집 260a, 1987, p. 366)

자신의 교육 강좌로는 마지막이었던 이 세미나에서 루돌프 슈타이너는 이전에 행한 수많은 교육 강좌에서 늘 새로운 관점으로 제시했던 내용들을 명료하게 요약, 정리하고 있다.

각 강연은 1회만 제외하고 세 단락으로 구성되어 있다. 각 단락은 먼저 독일어로, 그리고 그것을 영어로 되풀이하는 순서로 진행되었다. 각 단락 사이의 휴지부는 본문에서 문단 간격 사이에 줄을 그어 표시되어 있다.

이 책의 제목은 루돌프 슈타이너가 정한 것이 아니고 1949년판에서 붙여졌다.

이 강연록의 자료는 속기사 헬레네 핑크(Helene Finckh)가 속기하고 문서화한 것을 원

본으로 했다. 5판에서는 속기록을 기초로 몇 군데를 수정했다.

새로운 교정을 거친 5판에는 미헬 슈바이처(Michel Schweizer)의 몇 가지 주석과 인명 색인이 더해졌다.

칠판 그림에 관해서: 강연장의 칠판에 검은 종이를 덧붙여 사용한 덕분에 루돌프 슈타이너가 강연 도중에 그린 그림이나 판서가 보존될 수 있었다. 그것들은 강연록의 참고 자료가 되도록 축소되어 별도의 책으로 나왔다. 이전 판들의 그림 자료는 프리츠 츠빈덴(Fritz Zbinden)이 첨부한 것으로, 이 판에서도 그대로 사용되었다. 각 그림에 해당하는 본문의 위치는 본문에 따로 표시되어 있다. 91쪽과 126쪽의 그림 설명을 참조하면 된다.

주석

44쪽

에밀 몰트(Emil Molt, 1876~1936)는 정부상업고문관이자 독일 슈투트가르트 소재 발도르프 아스토리아 담배공장의 소유자로, 1919년에 슈투트가르트 자유 발도르프 학교의 설립을 주도했다. 처음에 이 학교는 그 공장의 노동자와 사무원의 자녀를 위한 것이었다. 몰트의 청탁을 받아들여 루돌프 슈타이너가 이 학교의 설립과 운영을 맡았다.

51쪽

요한 볼프강 폰 괴테(Johann Wolfgang von Geothe, 1749~1832)의 피아노 레슨에 관해서는 그의 저작물 ≪시와 진실≫(Dichtung und Wahrheit) 제4권을 참조할 것.

61쪽

"석탄만이 아니라 화강암이나 편마암 등도 식물이나 동물계에서 만들어진 것입니다." 이 부분은 ≪인간 질문에 대한 세상의 답변≫(Menschenfragen und Weltenantworten)(전집 213)의 1922년 7월 2일자 강연, ≪인간의 생명과 지구의 생명 – 그리스도교의 본질에 관하여≫(Vom Leben des Menschen und Erde – Über das Wesen des Christentums)(전집 349)의 1923년 2월 17일자 강연과 비교해 볼 것.

67쪽

– "그곳이 바로 후각신경이 변형된 부분으로, 우리가 상을 만들어내는 부분이 그곳입니다." 이 부분은 ≪건강과 질병에 관하여 – 정신과학의 감각론에 대한 토대≫(Über Gesundheit und Krankheit – Grundlagen einer geisteswissenschaftlichen

Sinneslehre)(전집 348)의 1922년 12월 16일자와 20일자 강연과 비교해 볼 것.
- 아르투어 쇼펜하우어(Arthur Schopenhauer, 1788~1860), ≪의지와 표상으로서의 세계≫, 1819/1844.

77쪽
발터 요한네스 슈타인(Walter Johannes Stein, 1891년 비엔나에서 출생, 1957년 런던에서 사망)은 슈투트가르트 발도르프 학교의 첫 교사로 1932년까지 일했고, 훗날 런던으로 망명하여 저술가, 강연자로 활동했다.

119쪽
119쪽 이하에 실린 기하학 도형들은 칠판에 그린 원본이 남아 있지 않다.

125쪽
발도르프 학교의 초대 교사 양성 코스: 1919년 8월 21일부터 9월 5일까지 다룬 내용으로 "일반인간학"(전집 293), "교육예술의 교수방법론"(전집 294), "교육예술의 세미나 논의와 교육과정 해설론"(전집 295)을 가리킨다.

145쪽
데이비드 흄(David Hume, 1711~1776) 스코틀랜드의 철학자, 역사학자, 경제학자.
존 스튜어드 밀(John Stuart Mill, 1806-1873) 영국의 철학자, 경제학자.
임마누엘 칸트(Immanuel Kant, 1724-1804) 독일의 철학자.

152쪽
≪영혼의 수수께끼≫(1917), 전집 21.

158쪽
알베르트 아인슈타인(Albert Einstein, 1879~1955)은 물리학자로, "특수상대성이론"(1905)과 "일반상대성이론"(1915)을 발표했다.

160쪽
프리드리히 프뢰벨(Friedrich Fröbel, 1772~1852)은 유아교육의 대부로 알려진 교육학자로, 유아를 위한 놀이 교구와 놀이 활동 지도를 고안했다.

162쪽
카를 슈베르트(Karl Schubert, 1889년 비엔나에서 태어나 1949년 슈투트가르트에서 사망)는 1920년 루돌프 슈타이너에 의해 발도르프 학교의 학습부진 학생들을 위한 특별학급 전담 교사로 임명되었다.

166쪽
칠판에 그린 원본은 남아 있지 않다.

169쪽
질의응답 부분의 질문들은 슈타이너 박사에게 미리 서면으로 제출되었다.

171쪽
"이곳의 여러분은 십진법보다는 좀 더 호감이 가는 화폐 단위를 사용하니 말입니다." 전통적인 영국 화폐단위(1파운드=12실링, 1실링=20펜스)는 1971년에 이르러 십진법으로 대체되었다. 12진법 문제에 관해서는 ≪인류사와 문화민족의 세계관≫(Die Geschichte der Menschheit und die Weltanschauungen der Kulturvölker)(전집 353)에 실린 1924년 3월 1일자 강연 참조.

187쪽
"이곳 영국에서 행한 다른 강연들"은 1922년 8월 16일부터 29일까지 옥스포드에서 행한 13회의 강연으로, ≪교육예술을 위한 정신과 영혼의 기본적 힘≫(Die geistig-seelischen Grundkräfte der Erziehungskunst)(전집 305)이라는 제목으로 출간되었다. 또한 ≪오늘날의 정신 생활과 교육≫(Gegenwärtiges Geistesleben und Erziehung)(전집 307)이라는 제목으로 1923년 8월 5일부터 17일까지 일클리(Ilkley)에서 행한 4회의 강연을 가리킨다.

문헌 안내

이 책의 주제와 내용에 연관된 루돌프 슈타이너의 다른 저작들
GA: 루돌프 슈타이너 저작 전집 번호

공개 강좌 및 강연

Die Erneuerung der pädagogisch-didaktischen Kunst durch Geisteswissenschaft
정신과학을 통한 교육 및 교수법 개혁, 14회 강연, 바젤 1920. GA 301

Die gesunde Entwicklung des Menschenwesens. Eine Einführung in die anthroposophische Pädagogik und Didaktik
인간 본성의 건강한 발달. 인지학적 교육학과 교수법 입문, 16회 강연, 도르나흐 1921/22. GA 303

Die geistig-seelischen Grundkräfte der Erziehungskunst
교육예술의 토대를 이루는 정신적이며 영혼적인 힘들, 13회 강연과 2회의 인사말, 옥스포드 1922. GA 305

Die pädagogische Praxis vom Gesichtspunkte geisteswissenschaftlicher Menschenerkenntnis
정신과학적 인간 인식에서 바라본 교육의 실제, 8회 강연, 도르나흐 1923. GA 306

Gegenwärtiges Geistesleben und Erziehung
오늘날의 정신생활과 교육, 14회 강연, 일클리 1923. GA 307

Die Methodik des Lehrens und die Lebensbedingungen des Erziehens
교수방법론과 교육의 생활 조건들, 5회 강연, 슈투트가르트 1924. GA 308

Anthroposophische Pädagogik und ihre Voraussetzungen
인지학적 교육학과 그 전제, 5회 강연, 베른 1924. GA 309

Der pädagogische Wert der Menschenerkenntnis und der Kulturwert der Pädagogik
인간에 관한 인식의 교육학적 가치와 교육학의 문화 가치, 9회 강연, 아른하임 1924. GA 310

슈투트가르트 자유 발도르프 학교 초대 교사진을 위한 강연과 강좌

Erziehungskunst I. Allgemeine Menschenkunde als Grundlage der Pädagogik
교육예술 I. 교육학의 기초를 위한 일반인간학, 14회 강연, 슈투트가르트 1919. GA 293

Erziehungskunst II. Methodisch-Didaktisches
교육예술 II. 교수방법론, 14회 강연, 슈투트가르트 1919. GA 294

Erziehungskunst III. Seminarbesprechungen und Lehrplanvorträge
교육예술 III. 세미나 논의 및 교육과정에 관한 강연, 15회 세미나 토론과 3회 강연, 슈투트가르트
1919. GA 295

Geisteswissenschaftliche Sprachbetrachtungen
언어에 관한 정신과학적 고찰, 교육자를 위한 제의, 6회 강연, 슈투트가르트 1919/1920. GA 299

Menschenerkenntnis und Unterrichtsgestaltungen
인간에 관한 인식과 수업 구성, 8회 강연, 슈투트가르트 1921. GA 302

Erziehung und Unterricht aus Menschenerkenntnis.
인간에 관한 인식을 바탕으로 하는 교육과 수업, 9회 강연, 슈투트가르트 1920/22/23. GA 302a

Rudolf Steiner in der Waldorfschule
발도르프 학교에서 루돌프 슈타이너의 활동, 슈투트가르트 발도르프 학교의 학생, 학부모, 교사진을
위한 강연 및 축사, 1919-1924. GA 298

단행본

Die pädagogische Grundlage und Zielsetzung der Waldorfschule
발도르프 학교의 교육적 기초와 목표, 논문 3편, 1919/1920

Die Waldorfschule und ihr Geist. Welche Gesichtspunkte liegen der Errichtung der Waldorfschule
zugrunde?
발도르프 학교와 그 정신. 발도르프 학교 설립의 기초가 된 관점들은 무엇인가?, 3회의 자유 발도르
프 학교 설립 강연, 슈투트가르트 1919

Neuorientierung des Erziehungswesens im Sinne eines freien Geisteslebens
자유정신생활을 위한 교육제도의 새로운 방향 설정, 국민 교육에 관한 3회 강연, 슈투트가르트 1919

Zeitgemäße Erziehung im Kindheits- und Jugendalter
유년기와 청소년기를 위한 시대정신에 적절한 교육, 2회 강연, 런던 1922

Das Tonerlebnis im Menschen. Eine Grundlage für die Pflege des musikalischen Unterrichts
인간 안의 소리 체험. 음악 수업 구성의 기초, 교육자를 위한 2회 강연, 슈투트가르트 1923

루돌프 슈타이너
생애와 주요 활동

1861 - 1879
어린 시절과 청년기: 오스트리아

- 1861년 2월 27일 루돌프 요제프 로렌츠 슈타이너는 크랄예베치Kraljevec(당시 헝가리, 지금은 크로아티아에 속함)에서 니더외스터라이히Niederösterreich 출신 프란치스카 슈타이너와 요한 슈타이너의 첫째 아이로 태어났다.
- 전신기사로 일하던 부친은 곧 오스트리아 남부철도회사의 역장이 되었고, 이 때문에 그의 가족은 1862년 뫼들링Mödling, 1863년 포트샤흐Pottschach, 1869년 부르겐란트Burgenland 지방의 노이되르플Neudörfl 등으로 이사를 다녀야 했다. 1864년 여동생 레오폴디네, 1866년 남동생 구스타프가 태어났다.
- 루돌프 슈타이너는 환경 덕분에 기술 분야에 매료되어 어릴 때부터 수학과 기하학 공부에 열심이었으며 그림에 소질을 보였다. 그리고 16세가 되었을 때부터 철학에 빠져들었다.
- 1879년 대학입학자격시험을 우등으로 통과했다.

1879 - 1890
대학생, 괴테 저작의 발행인, 가정교사, 잡지 편집인 시절: 빈

- 1879년부터 1882년까지 빈 공과대학에서 수학했다. 수학, 물리학, 식물학, 동물학, 화학을 전공하는 한편, 문학, 역사, 철학을 공부했다. 프란츠 브렌타노Franz

Brentano 등의 강의를 들었다.

- 문학사가이자 괴테 전문가인 카를 율리우스 슈뢰어Karl Julius Schröer의 추천을 받아 퀴르슈너Kürschner의 ≪독일국민문학≫판 괴테전집의 자연과학 저작 부분의 발행인으로 초빙되었다.
- 논문 〈원자론의 개념들에 대해 유일하게 가능한 비판〉(Einzig mögliche Kritik der atomistischen Begriffe)를 발표했다. 훗날 슈타이너는 이 논문이 자신의 연구에서 "기초 신경"이라고 밝혔다.
- 1884년부터 1890년까지 빈의 사업가 라디슬라우스 슈페히트Ladislaus Specht 집안의 가정교사로 일했다. 그 집의 주치의이자 당시 빈에서 명성이 높았던 내과의사 요제프 브로이어Josef Breuer를 만났는데, 오늘날 그는 정신분석학의 개척자로 여겨진다.
- ≪괴테의 자연과학 저작집≫(Goethes Naturwissenschaftliche Schriften) 제1권이 발간되었다. 2~4권은 1887년에서 1897년에 걸쳐 발간되었다.
- 시인이자 나중에 여권활동가로 이름을 날린 로자 마이레더Rosa Mayreder(≪여성성 비판≫), 프리드리히 에크슈타인Friedrich Eckstein(훗날 작곡가 안톤 브루크너Anton Bruckner의 비서이자 전기 작가로 활동) 등과 교류했다. 철학자 에두아르트 폰 하르트만Eduard von Hartmann과 편지를 주고받았다.
- 괴테전집을 위한 작업 이외에도 퀴르슈너 교수의 요청으로 ≪피러 회화사전≫(Pierers Konversationslexikon)을 비롯한 여러 사전에 많은 항목을 집필했다.
- 1886년 루돌프 슈타이너의 첫 번째 단행본인 ≪괴테 세계관의 인식론적 기초≫(Grundlinien einer Erkenntnistheorie der Goetheschen Weltanschauung)를 발행했다.
- 괴테문서실장 에리히 슈미트Erich Schmidt가 루돌프 슈타이너에게 소피Sophie판 괴테전집 작업에 참여할 의사가 있는지 문의했다.
- 논문 〈자연 그리고 우리의 이상들〉(Die Natur und unsere Ideale) 발표.
- 빈에서 나오는 잡지 〈도이체 보헨슈리프트Deutsche Wochenschrift〉(독일주간)의 편집인이 되었다. 1888년 오스트리아-헝가리제국의 정치적 사안들에 관해 많은 기사를 썼다.
- 1888년 빈의 괴테협회에서 "새로운 미학의 아버지 괴테"라는 제목으로 강연을 했다.

1890 - 1897
괴테전집 발행인, 니체 연구자: 바이마르

- 괴테·실러문서실에서 일했다. 1891년에서 1896년 사이에 발간된 소피판 괴테전집을 위해 괴테의 자연과학 저작의 몇 부문을 발행했다.
- 헤르만 그림Herman Grimm, 에른스트 헤켈Ernst Haekel, 에두아르트 폰 하르트만 등을 만

나고, 시인 가브리엘레 로이터Gabriele Reuter, 작곡가 리스트의 제자 콘라트 안조르게
Conrad Ansorge, 슈티르너Stirner 전기를 쓴 존 헨리 매케이John Henry Mackay, 니체 저작 발
행인 프리츠 쾨겔Fritz Koegel 등과 교류했다.

- ≪코타 세계문학총서≫에 쇼펜하우어 전집 12권과 장 파울 전집 8권을 편집했다.
"저명 문학사가들의 서문"을 붙인 ≪베를린 고전 선집≫을 위해 크리스토프 마르
틴 빌란트Christoph Martin Wieland와 요한 루트비히 울란트Johann Ludwig Uhland의 저작들을
자신이 서문을 붙여 발행했다.

- 하인리히 폰 슈타인Heinrich von Stein 교수의 지도를 받아 〈특히 피히테의 지식학을 고려
한 인식론의 기본문제. "자신"에 대한 철학적 의식의 이해에 관한 연구〉(Die Grundfrage der
Erkenntnistheorie mit besonderer Rücksicht auf Fichtes Wissenschaftslehre. Prolegomena
zur Verständigung des philosophierenden Bewusstseins mit sich selbst)로 로스토크 대학
에서 철학박사 학위를 받았다. 이 학위논문은 1892년에 ≪진리와 과학. 자유의 철학
의 서막≫(Wahrheit und Wissenschaft. Vorspiel einer Philosophie der Freiheit)이라는
제목으로 발간되었는데, 에두아르트 폰 하르트만 교수에게 헌정되었다.

- 1893년 가을, 루돌프 슈타이너의 철학 분야 주저인 ≪자유의 철학≫(Die Philosophie
der Freiheit)이 발간되었다.

- 나움부르크Naumburg의 니체문서실을 여러 차례 방문하고 머물렀다. 니체의 여동
생 엘리자베트 푀르스터 니체Elisabeth Förster Nietzsche를 만났는데, 그녀는 루돌프 슈타
이너가 니체 저작집의 공동발행인으로 일하기를 원했다. 병석의 프리드리히 니
체를 만났다. 1895년 니체에 관한 루돌프 슈타이너의 책 ≪시대에 맞선 투사 니
체≫(Friedrich Nietzsche, ein Kämpfer gegen seiner Zeit)가 발간되었다.

- 1897년에 발행된 ≪괴테의 세계관≫(Goethes Weltanschauung)에서 그동안의 괴
테 연구를 요약하여 서술했다.

1897 - 1905
편집자, 교사, 강연자, 저술가: 베를린

- 1897년부터 1900년까지 〈마가친 퓌어 리테라투어Magazin für Literatur〉(문학잡지)와
독일연극협회 기관지인 〈드라마투르기셰 블래터Dramaturgische Blätter〉(연극평론)의
발행인이자 편집인으로 활동했다. 이 두 잡지와 다른 간행물들에 문학과 철학 문
제를 다룬 많은 논문을 게재하고 연극비평과 서평을 썼다.

- 자유문학협회, 조르다노 브루노 연맹, 문예인 모임인 "디 콤멘덴Die Kommenden"(미
래인) 등에서 강연했다. 엘제 라스커 쉴러Else Lasker-Schüler, 페터 힐레Peter Hille, 슈테
판 츠바이크Stefan Zweig, 캐테 콜비츠Käthe Kollwitz, 에리히 뮈잠Erich Mühsam, 파울 셰르바
르트Paul Scheerbart, 프랑크 베데킨트Frank Wedekind, 그리고 "프리드릭스하겐Friedrichshagen

사람들"을 만났다. 루트비히 야코봅스키Ludwig Jakobowski, 오토 에리히 하르트레벤 Otto Erich Hartleben과 교유했다.

- 1899년 안나 오이니케Anna Eunike와 결혼했다. 안나 오이니케는 1911년에 세상을 떠났다.

- 빌헬름 리프크네히트Wilhelm Liebknecht가 설립한 베를린의 노동자학교, 그리고 1902 년부터는 슈판다우Spandau 노동자학교에서 가르쳤다. 1899년부터 1904년까지 이어진 이 교육 활동의 수업 과목은 역사, 강연법, 문학, 자연과학 등이었다. 쿠르트 아이스너Kurt Eisner와 로자 룩셈부르크Rosa Luxemburg를 만났다.

- 1900년 ≪19세기의 세계관과 인생관≫(Welt- und Lebensanschauungen im neunzehnten Jahrhundert) 제1권을 출간했으며, 제2권의 출간은 일 년 뒤인 1901 년에 이루어졌다. 이 저작의 개정증보판은 제목을 ≪철학의 수수께끼≫(Die Rätsel der Philosophie)로 바꾸어 1914년에 출간되었다.

- 구텐베르크 500주년에 베를린의 한 서커스 공연장에서 7000명의 활자공과 인쇄공 앞에서 기념 강연을 했다.

- 1900년 가을, 신지학 도서관에서 연속 강연회를 가졌다. 주제는 니체, 괴테의 "동화", 신비학, 신비학과 현재의 관계 등이었다.

- 1900년 처음으로 마리 폰 지버스Marie von Sievers를 만났다. 1902년 이래 그녀는 루돌프 슈타이너의 가장 밀접한 동료가 되었다. 폰 지버스는 파리음악원에서 낭송예술을, 페테르부르크에서 연극예술을 공부했다. 에두아르 쉬레Edouard Schuré의 여러 작품을 독일어로 옮겼다.

- ≪근대 정신생활 출현기의 신비주의, 그리고 현대 세계관과의 관계≫(Die Mystik im Aufgange des neuzeitlichen Geisteslebens und ihr Verhältnis zur modernen Weltanschauung)를 출간했다. 1901/02년에 신지학협회에서 행한 두 번째 순회 강연을 손보아 ≪신비적 사실로서의 그리스도교≫(Christentum als mystische Tatsache)라는 제목으로 출간했다.

- 헬레나 페트로브나 블라바츠키Helena Petrowna Blavatsky와 헨리 스틸 올코트Henry Steel Olcott가 1875년에 창립한 신지학협회의 회원이 되었고, 1902년 10월부터 신지학협회 독일지부의 사무총장으로 일했다. 애니 베전트Annie Besant를 만났다.

- 1902년부터 1904년까지 "프리드릭스하겐 사람들"인 브루노 빌레Bruno Wille와 빌헬름 뵐셰Wilhelm Bölsche가 세운 자유대학에서 초빙강사로 활동했다.

1902 - 1912
신지학에서 인지학으로. 국내외의 강연 여행

- 마리 폰 지버스와 함께 국내외에 신지학 집회소를 구축했다. 공개강연과 신지학

협회 회원을 위한 강연을 활발하게 행했다. 1904년 비전祕傳학교Esoterische Schule 기관에서 활동했다.

- 월간지 〈루시퍼〉(Luzifer)를 창간하여 발행인이자 편집인으로 일했다. 잡지의 제호는 1903년에 〈루시퍼·그노시스Lucifer-Gnosis〉로 바뀌었다. 이 잡지에는 루돌프 슈타이너의 주요 논문들이 연재되었다. 연재된 논문은 〈어떻게 초감각적 세계의 인식에 도달할 것인가?〉(Wie erlangt man Erkenntnissen der höheren Welten?), 〈아카샤 기록의 해석〉(Aus der Akasha-Chronik), 〈신지학과 사회 문제〉(Theosophie und soziale Frage), 〈아동교육〉(Die Erziehung des Kindes), 〈고차적 인식의 단계들〉(Die Stufen der höheren Erkenntnis) 등이었고, 훗날 단행본으로 출판되었다.
- 크리스티안 모르겐슈테른Christian Morgenstern, 에두아르 쉬레와 교유했다. 1908년에는 바실리 칸딘스키를 만났다.
- 1903/04년부터 해마다 가을, 겨울에 베를린의 건축가협회 등에서 일반을 위한 연속강연을 가졌는데, 강연 주제는 "인간의 기원과 목표", "영혼생명의 생성변형론", 현재의 주요 질문에 대한 정신과학의 대답" 등이었다.
- 1904년, 기본서에 속하는 ≪신지학. 초감각적 세계 인식과 인간 규정 입문≫(Theosophie. Einführung in übersinnliche Welterkenntnis und Menschenbestimmung)을 출판했다.
- 파리, 부다페스트, 네덜란드, 스칸디나비아, 이탈리아를 비롯해서 독일과 스위스의 여러 도시에서 강연했다. 뮌헨에서 에두아르 쉬레의 연극들을 연출했다.
- 1910년, 우주론과 진화론의 문제들에 관한 연구 결과를 ≪비밀학 개요≫(Geheimwissenschaft im Umriss)라는 제목으로 출판했다.
- 1910년에서 1913년에 걸쳐 자신이 쓴 네 편의 신비극을 연출하여 초연했다.
- 연극 공연과 강연을 위한 건물의 설계도를 그렸다. 뮌헨의 슈바빙 지역에 지으려던 이 건축 계획은 주민과 관청의 저항으로 무산되었다.
- ≪인간과 인류의 정신적 인도≫(Die geistige Führung des Menschen und der Menschheit), ≪인간이 자기 인식을 얻는 과정≫(Ein Weg zur Selbsterkenntnis des Menschen), ≪정신세계의 문턱≫(Die Schwelle der geistigen Welt) 등을 출간했다.
- 1910년에 쓰기 시작한 ≪인지학≫(Anthroposophie)은 미완작으로 남았다. 감각론을 집중적으로 연구했다.
- 1911년, 쾰른에서 러시아 작가 안드레이 벨리Andrej Belyj(≪페테르부르크≫의 저자)를 만났는데, 이 만남은 벨리의 삶과 작품에 큰 영향을 끼쳤다. 프라하에서 프란츠 카프카Franz Kafka, 막스 브로트Max Brod, 후고 베르크만Hugo Bergmann을 만났다.
- 1911년, 새로운 동작예술인 "오이리트미Eurythmie"를 창안하여 발전시켜 나갔다.

1912 - 1918
인지학협회 창립. 건축가, 예술가, 강연자

• 1912/13년, 신지학협회와 결별하고 인지학협회를 창립했다. 국내외에 인지학협회 지부들을 설립했다.
• 국내외 많은 도시에서 강연했다. 주제는 재탄생과 카르마, 성서, 죽음과 새로운 탄생 사이의 삶, 신비의 역사, 감각론, 진화의 역사 등이었다.
• 1913/19년, 루돌프 슈타이너의 지휘와 여러 나라의 수많은 예술가들의 협력으로, 연극, 오이리트미, 강연 등을 위해 루돌프 슈타이너가 설계한 괴테아눔Goetheanum 이 스위스 도르나흐Dornach에 세워졌다. 제1차 괴테아눔은 서로 이어지는 두 개의 돔 지붕에 유기적 조소예술로 장식된 내부 기둥을 가진 목조건축물이었다. 이 건물을 위한 루돌프 슈타이너의 예술 작품으로는 조형적인 내외장(설계), 천정화(초안 스케치, 부분적인 제작 참여), 스테인드글라스(문양 초안), 높이 9미터의 목조 조각품 "인류의 대표상"(초안 구상, 부분적인 예술작업 참여) 등이 있다.
• 1914년, 마리 폰 지버스와 결혼했다.
• 루돌프 슈타이너의 설계에 따라 도르나흐 언덕에 지어진 괴테아눔 건축물뿐 아니라 그 주변에는 특정적인 건축물들이 주거와 업무용으로(글라스하우스, 난방공급실, 둘데크Duldeck하우스, 변전실, 판 블로메스타인van Blommestein하우스) 들어섰다. 1920년대 초반에는 프레데Vreede하우스(아를레스하임), 세 채의 오이리트미관, 야거Jaager 저택(아틀리에와 주거용), 오이리트메움Eurythmeum(기존의 주택을 증축함), 출판사, 베크만Wegman관(아를레스하임), 슈어만Schuurman저택(음악연습실 겸용)건물 등이 들어섰다. 독일 슈투트가르트에 오이리트미학교 건물이 세워졌지만 제2차 세계대전 중에 파괴되었다.
• 예술, 건축, 시사, 정신과학 등을 주제로 국내외에서 여러 차례 강연회를 가졌다.
• 1917년, 인간유기체의 3구성론(신경·감각체계, 리듬체계, 신진대사·사지체계), 인간학과 인지학의 관계 해설 등에 관한 루돌프 슈타이너의 연구 결과를 정리한 《영혼의 수수께끼》(Von Seelenrätseln)를 출간했다.

1917 - 1923
사회개혁가, 학교 설립자, 언론인

• 중부유럽의 상황에 관해 정치인 오토 그라프 레르헨펠트Otto Graf Lerchenfeld와 대화를 나눈 뒤, 루돌프 슈타이너는 공공생활의 사회적 개혁 전망을 담은 두 편의 메모랜덤을 작성했다. 1917년, 이 글은 독일(퀼만Kühlmann, 막스 폰 바덴Max von Baden 왕자) 과 오스트리아(카를Karl 황제)의 다수의 영향력 있는 정치인들에게 전달되었다.

- "사회 문제"를 주제로 취리히에서 가진 연속강연의 기록은 개정작업을 거쳐 1919년 4월 ≪현재와 미래의 삶에 필연적인 사회 문제의 핵심≫(Die Kernpunkte der sozialen Frage in den Lebensnotwendigkeiten der Gegenwart und Zukunft)이라는 제목으로 출간되었다. 이 저작의 주된 사고는 "사회유기체의 3구성론"으로, 이는 국가의 해체를 통해 자유로운 정신생활로 옮겨가는 것, 민주적 법생활, 연대적 경제생활의 실현을 의미하는 것이었다.
- 슈투트가르트와 그 주변 지역에서 노동자단체 대표들 및 기업가들을 상대로 한 강연과 다수의 간담회에서 루돌프 슈타이너는 기업마다 노사운영위원회를 설치해야 한다고 역설했다.
- 집중적인 준비 작업을 거쳐 1919년 가을에 슈투트가르트에 초등학교와 상급학교의 통합과정을 갖춘 자유발도르프학교를 설립했다. 발도르프 아스토리아Waldorf-Astoria 담배공장의 사장이자 헤르만 헤세의 동창생인 에밀 몰트Emil Molt가 후원자 역할을 했다. 루돌프 슈타이너는 개교했을 때부터 1925년 세상을 떠날 때까지 학교를 이끌었다. 교육학 세미나에서는 교사를 양성했다.
- 1919년 2월 24일에는 마리 슈타이너의 지도로 취리히의 파우엔테아터Pfauentheater에서 오이리트미 예술을 처음으로 무대에 올렸다.

1920 - 1925
강연자, 예술가, 동기부여자

- 독일 국내외에서 많은 강연을 하고, 인지학협회 회원들을 위한 연속강연회를 가졌다. 주제는 "소우주와 대우주의 상응 관계", 우주의 지혜를 다루는 학문으로서의 인지학", "우주적 맥락 안에 존재하는 인간", "창조, 형성, 형상화를 이루는 우주 소리의 조화로 존재하는 인간", "카르마의 연관관계에 대한 비의적 견해" 등이었다. 이와 동시에 여러 전문분야의 주제에 관해 강연해 줄 것을 요청받는 경우가 점점 더 늘었다. 교육학, 의학, 신학, 경제학, 농업(생명역동 농법의 창안), 물리학, 연극예술, 치유교육 등이 강연의 주제였다.
- 화가 양성의 기초를 제공하기 위해 일련의 파스텔화와 수채화("자연의 정취", "프리트바르트Friedwart의 분위기" 등)를 그렸다. 책 표지, 포스터, 행사 프로그램, 레터헤드, 약품 및 화장품 포장 등을 위해 직접 그래픽을 디자인했다.
- 독일 국내외에서 수많은 오이리트미 공연이 이루어졌는데, 루돌프 슈타이너는 이 새로운 동작예술의 기초를 안내하는 개막 강연을 하는 경우가 잦았다.
- 1922년 가을에 루돌프 슈타이너가 참여한 가운데 "종교혁신운동"(그리스도인 공동체)이 조직되었다.
- 인지학 연구소, 병원, 학교들이 연이어 설립되었다. 오늘날 세계 최초의 유기농 화

장품과 천연약제품 기업으로 활약하는 벨레다Weleda 주식회사가 세워졌다.

- 잡지 〈사회유기체의 3구성론〉(Dreigliederung des sozialen Organismus)과 인지학협회 전문 주간지 〈다스 괴테아눔Das Goetheanum〉에 정기적으로 글을 실었다.

- 1922년 마지막 날, 첫 번째 괴테아눔이 화재로 소실되었다. 그럼에도 불구하고 예술 행사와 강연 등의 업무는 폐허 바로 곁의 목공소에서 이전처럼 진행되었다. 1924년 가을 병석에 눕는 바람에, 루돌프 슈타이너는 콘크리트 건물로 설계된 제2차 괴테아눔(1928년 완공)의 외형 모델만 완성하는 데 그쳤다.

- 국내외에서 인지학 운동이 확산됨에 따라, 1923년 도르나흐에서는 인지학협회의 재창립이 이루어졌고, 루돌프 슈타이너가 회장을 맡았다. 정신과학을 위한 자유대학의 정비도 그의 지휘 아래 이루어졌다. 정신수련을 위한 심화과정은 세 단계로 구성되었다. 자유대학의 전문 분야는 의학, 순수문학, 조형예술과 언어조형, 음악예술, 청년정신훈련, 수학·천문학, 자연과학, 사회과학, 농업, 교육학, 인지학 분과로 나뉘었다.

- 1924년 가을, 루돌프 슈타이너는 병석에 누웠다. 엄청나게 늘어난 강연과 교육과정 활동은 이로 인해 급작스럽게 중단되었다.

- 병석에서도 자서전 ≪내 인생의 발자취≫(Mein Lebensgang)의 집필은 계속되었다. 그리고 여의사인 이타 베크만Ita Wegman과 함께 ≪치유예술의 확장을 위한 토대≫라는 책을 썼는데, 이 책은 그의 사후에 출판되었다.

- 1925년 3월 30일, 루돌프 슈타이너는 스위스 바젤 인근의 도르나흐에서 숨을 거두었다. 그의 묘는 괴테아눔 부지에 있으며, 그 옆에는 크리스티안 모르겐슈테른의 유골함이 묻혀 있다.

루돌프 슈타이너
전집 목록

전집 총 354권은 1956년부터 스위스 도르나흐 소재 〈루돌프 슈타이너 유고관리국〉에서 간행되고 있다. 제목 뒤의 출간 연도는 "1883/1897"처럼 연도 표시가 두 번인 경우 초판과 개정판을, "1889-1901"처럼 표시된 것은 저작물의 완성 기간 또는 원고의 연재 기간을 표시한 것이다. 그리고 맨 뒤 괄호 안의 이탤릭체 숫자는 전집번호(GA로 통용)이다.

A. 저작물

1. 저서

Goethes Naturwissenschaftliche Schriften, 5 Bände, 1883/1897 (1a-e); 1925 *(1)*
괴테의 자연과학서, 총 5권 (루돌프 슈타이너의 서문과 해설)

Grundlinien einer Erkenntnistheorie der Goetheschen Weltanschauung, 1886 *(2)*
괴테 세계관의 인식론적 기초(한국인지학출판사)

Wahrheit und Wissenschaft. Vorspiel einer <Philosophie der Freiheit>, 1892 *(3)*
진리와 과학. 〈자유의 철학〉의 서막

Die Philosophie der Freiheit. Grundzüge einer modernen Weltanschauung, 1894 *(4)*
자유의 철학. 현대 세계관의 개요

Friedrich Nietzsche, ein Kämpfer gegen seine Zeit, 1895 *(5)*
시대에 맞선 투사 니체

Goethes Weltanschauung, 1897 *(6)*
괴테의 세계관

Die Mystik im Aufgange des neuzeitlichen Geisteslebens und ihr Verhältnis zur modernen Weltanschauung, 1901 *(7)*
근대 정신생활 출현기의 신비주의, 그리고 현대 세계관의 관계

Das Christentum als mystische Tatsache und die Mysterien des Altertums, 1902 *(8)*
신비적 사실로서의 그리스도교와 고대의 신비들(≪신비적 사실로서의 그리스도교≫, 한국인지학출판사)

Theosophie. Einführung in übersinnliche Welterkenntnis und Menschenbestimmung, 1904 *(9)*
신지학. 초감각적 세계 인식과 인간 규정 입문

Wie erlangt man Erkenntnisse der höheren Welten? 1904/1905 *(10)*
어떻게 초감각적 세계의 인식에 도달할 것인가?

Aus der Akasha-Chronik, 1904-1908 *(11)*
아카샤 연대기로부터 (≪인간과 지구의 발달. 아카샤 기록의 해석≫, 한국인지학출판사)

Die Stufen der höheren Erkenntnis, 1905-1908 *(12)*
고차적 인식의 단계들

Die Geheimwissenschaft im Umriß, 1910 *(13)*
비밀학 개요

Vier Mysteriendramen, 1910-1913 *(14)*
신비극 4편

Die geistige Führung des Menschen und der Menschheit, 1911 *(15)*
인류와 인간을 위한 정신적 안내

Anthroposophischer Seelenkalender, 1912 *(in 40)*
인지학적 영혼달력 (≪영혼달력. 루돌프 슈타이너의 명상시 52편≫, 한국인지학출판사)

Ein Weg zur Selbsterkenntnis des Menschen, 1912 *(16)*
인간의 자기 인식을 얻는 과정

Die Schwelle der geistigen Welt, 1913 *(17)*
정신세계의 문턱

Die Rätsel der Philosophie in ihrer Geschichte als Umriß dargestellt, 1914 *(18)*
철학의 수수께끼. 철학사 개요

Vom Menschenrätsel, 1916 *(20)*
인간이라는 수수께끼

Von Seelenrätseln, 1917 *(21)*
영혼의 수수께끼

Goethes Geistesart in ihrer Offenbarung durch seinen Faust und durch das Märchen von der Schlange und der Lilie, 1918 *(22)*
〈파우스트〉와 〈뱀과 백합의 동화〉에 나타난 괴테의 정신적 특성

Die Kernpunkte der sozialen Frage in den Lebensnotwendigkeiten der Gegenwart und Zukunft, 1919 *(23)*
현재와 미래의 삶에 필연적인 사회 문제의 핵심

Aufsätze über die Dreigliederung des sozialen Organismus und zur Zeitlage, 1915-1921 (24)
사회 유기체의 3구성과 1915~1921년 시대상에 대한 소고들

Philosophie, Kosmologie und Religion, 1922 *(25)*
철학·우주론·종교(≪인지학에서 바라본 세 영역: 철학·우주론·종교≫, 한국인지학출판사)

Anthroposophische Leitsätze, 1924/1925 *(26)*
인지학의 주요 원칙들

Grundlegendes für eine Erweiterung der Heilkunst nach geisteswissenschaftlichen Erkenntnissen, 1925. Von Dr. R. Steiner und Dr. I. Wegman *(27)*
정신과학적 인식에 의한 치유예술 확장의 토대

Mein Lebensgang, 1923/25 *(28)*
내 인생의 발자취 (≪루돌프 슈타이너 자서전. 내 인생의 발자취≫, 한국인지학출판사)

2. 논문 모음

Aufsätze zur Dramaturgie 1889-1901 *(29)*
희곡론

Methodische Grundlagen der Anthroposohpie 1884-1901 *(30)*
인지학의 방법론적 토대

Aufsätze zur Kultur- und Zeitgeschichte 1887-1901 *(31)*
문화사와 시대사에 대한 소고들

Aufsätze zur Literatur 1886-1902 *(32)*
문학론

Biographien und biographische Skizzen 1894-1905 *(33)*
전기와 생애에 대한 스케치

Aufsätze aus «Lucifer-Gnosis» 1903-1908 *(34)*
잡지 〈루시퍼·그노시스〉에 실린 소고들

Philosophie und Anthroposophie 1904-1918 *(35)*
철학과 인지학

Aufsätze aus <Das Goetheanum> 1921-1925 *(36)*
인지학 전문 주간지 〈괴테아눔〉에 실린 소고들

3. 유고 간행물
Briefe 서간문 / *Wahrspruchworte* 잠언집 / *Bühnenbearbeitunge*n 무대작업들 / *Entwürfe zu den Vier Mysteriendramen* 1910-1913 신비극 4편의 스케치 / *Anthroposophie. Ein Fragment* 인지학. 미완 원고 / *Gesammelte Skizzen und Fragmente* 스케치와 미완 원고 모음 / *Aus Notizbüchern und -blättern* 수첩과 메모장 모음 *(38-47)*

B. 강연문

1. 공개강연

Die Berliner öffentlichen Vortragsreihen, 1903/04 bis 1917/18 *(51-67)*
베를린 기획강연

Öffentliche Vorträge, Vortragsreihen und Hochschulkurse an anderen Orten Europas 1906-1924 *(68-84)*
공개강연, 기획강연, 그리고 유럽 각지 대학에서 가진 강좌 내용 모음

2. 인지학협회 회원을 위한 강연
Vorträge und Vortragszyklen allgemein-anthroposophischen Inhalts 일반 인지학 내용의 강연과 연속강연회 / *Christologie und Evangelien-Betrachtungen* 그리스도론과 복음서 고찰 /

Geisteswissenschaftliche Menschenkunde 정신과학적 인간학 / *Kosmische und menschliche Geschichte* 우주와 인간의 역사 / *Die geistigen Hintergründe der sozialen Frage* 사회 문제의 정신세계적 배경 / *Der Mensch in seinem Zusammenhang mit dem Kosmos* 우주적 맥락 안에 존재하는 인간 / Karma-Betrachtungen 카르마 연구 *(91-244)*

Vorträge und Schriften zur Geschichte der anthroposophischen Bewegung und der Anthroposophischen Gesellschaft (251-265)
인지학 운동과 인지학협회의 역사에 대한 강연문과 원고들

3. 영역별 강연과 강좌
Vorträge über Kunst: Allgemein-Künstlerisches 일반 예술에 관한 강연 – Eurythmie 새로운 동작 예술로서 오이리트미 – Sprachgestaltung und Dramatische Kunst 언어조형과 연극예술 – Musik 음악 – Bildende Künste 조형예술 – Kunstgeschichte 예술사 *(271-292)* – Vorträge über Erziehung 발도르프 교육학 *(293-311)* – Vorträge über Medizin 의학 관련 강연회 *(312-319)* – Vorträge über Naturwissenschaft 자연과학에 관한 강연회 *(302-327)* – Vorträge über das soziale Leben und die Dreigliederung des sozialen Organismus 사회적 양상과 사회 유기체의 3구성론에 관한 강연회 *(328-341)* – Vorträge für die Arbeiter am Goetheanumbau 1차 괴테아눔 건축 당시 노동자를 위한 강연회 *(347-354)*

C. 예술 작품
Originalgetreue Wiedergaben von malerischen und graphischen Entwürfen und Skizzen Rudolf Steiners in Kunstmappen oder als Einzelblätter: Entwürfe für die Malerei des Ersten Goetheanum 루돌프 슈타이너가 직접 그린 작품철과 스케치: 회화, 그래픽, 1차 괴테아눔 천정벽화 스케치의 복사본 / Schulungsskizzen für Maler 화가를 위한 수련 스케치 / Programmbilder für Eurythmie-Aufführungen 오이리트미 공연 프로그램을 위한 그림들 / Eurythmieformen 오이리트미 안무 / Skizzen zu den Eurythmiefiguren, u.a. 오이리트미 동작 모형물 등의 스케치

루돌프 슈타이너 전집의
한국어판 출간을 시작하며

루돌프 슈타이너는 20세기 초 과학의 실증주의와 신지학 운동의 영성주의라는 두 극단 사이에서 인류 문명의 문제점들을 심층적으로 바라보았습니다. 이러한 양극의 모순을 극복하고자 슈타이너는 미래지향적인 인지학人智學을 창설하였습니다. 인지학은 과학에서 삭막한 물질주의를 배제하면서 수용한 철학적 논리와 신지학에서 극단적 신비주의를 극복하는 가운데 걸러 낸 정신적 통찰을 결합한 것으로, 진정한 인간 본질의 인식을 체계적이고 학문적으로 실현한 슈타이너의 "정신과학적" 탐구의 결과물입니다. 그의 인지학은 인간 본성을 중시하는 발도르프 교육학, 시대를 앞선 생명역동농법, 인지학적 의학, 유기건축양식, 새로운 동작예술인 오이리트미 등을 낳았고, 이는 20세기 이래 개인의 삶과 사회에 지대한 영향을 끼쳤습니다.

한국인지학출판사는 354권에 이르는 루돌프 슈타이너 전집의 한국어판 출간이라는 힘겨운 대장정을 시작했습니다. 이로써 인지학적 교육을 실천하는 교육자와 학부모, 그리고 슈타이너의 정신과학에 대한 올바른 이해와 평가를 위해 제대로 된 그의 '육성'을 듣고자 하는 여러분의 의지에 호응하려 합니다. 우리는 루돌프 슈타이너 전집의 한국어 출간 사업이 인지학 연구, 그리고 유네스코에서 세계적인 창의·인성 교육법으로 인정한 발도르프 교육학의 올바른 수용을 위한 진정한 이정표가 되리라 확신합니다.

한 권 한 권 100년의 세월과 슈타이너 특유의 난해한 언어 장벽을 넘어야 하는 이 지난한 사업에 독자 제위의 깊은 관심과 애정 어린 충고가 이어지기를 열망합니다.

인지학 영혼달력

루돌프 슈타이너 명상시 52편

루돌프 슈타이너 지음 / 8,000원
발행 한국인지학출판사

발도르프 교육과 인지학의 창시자인 저자가 봄에 접어드는 4월 첫째 주를 시작으로 1년 52주, 52개의 잠언을 모아 엮은 책입니다. 계절의 흐름에 따른 우주 순환과 자기 내면의 변화, 그리고 그 사이의 의미 가득한 연결을 생생한 이미지로 그려냈습니다.

루돌프 슈타이너 자서전

내 인생의 발자취

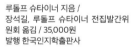

루돌프 슈타이너 지음 /
장석길, 루돌프 슈타이너 전집발간위
원회 옮김 / 35,000원
발행 한국인지학출판사

발도르프 교육학의 창시자, 인지학 설계자가 육성으로 들려주는 깨우침의 기록이자 고백록.

인간과 지구의 발달

아카샤 기록의 해석

루돌프 슈타이너 지음 /
장석길, 루돌프 슈타이너 전집발간위원
회 옮김 / 25,000원
발행 한국인지학출판사

우주와 인류가 걸어온 역사의 본질은 무엇일까? "아카샤"(우주 만물)에 새겨진 생성과 발달의 흔적은 우리에게 어떤 이야기를 들려주는가? 인간과 지구의 발달을 설명하는 루돌프 슈타이너의 인지학 논집 <아카샤 기록으로부터>의 한국어 초역본.

유아 그림의 수수께끼

성장의 발자국 읽기

미하엘라 슈트라우스 지음 /
여상훈 옮김 / 24,000원

발도르프 교육의 고전, 영유아기 그림 언어에 담긴 수수께끼를 풀어주는 열쇠.

철학·우주론·종교

인지학에서 바라본 세 영역

루돌프 슈타이너 지음 /
루돌프 슈타이너 전집발간위원회 옮
김 / 13,000원
발행 한국인지학출판사

괴테 세계관의 인식론적 기초

루돌프 슈타이너 지음 / 14,000원
박지용 옮김 / 발행 한국인지학출판사

슈타이너 인지학의 정신과학적
토대가 된 괴테의 통찰
칸트 인식론을 극복할 단초를 발견하여 이를 체계화하는 사상적 여정을 그린 역작이다.

한국인지학출판사
KOREA ANTHROPOSOPHY PUBLISHING

www.steinercenter.org | waldorfnews.co.kr
서울시 마포구 독막로 230 (신수동) 우리빌딩 2층 02-832-0523

발도르프 아동교육 발달 단계의 특성에 기초한 교육

루돌프 슈타이너 지음 / 이정희 옮김 / 12,000원 / 발행 씽크스마트

발도르프 교육론은 자유로운 생각, 자발적인 표현과 사고 안에서 주체적인 사람으로 거듭나게 하는
교육 철학이다. 이 책은 창의 인성 교육에 관심을 가진 사람들에게 훌륭한 교육 지침서가 될 것이다.
-박수찬(서울시 남부교육지원청 교육지원국장)

발도르프 육아예술 조바심 · 서두름을 치유하는 거꾸로 육아

이정희 지음 / 14,000원 / 발행 씽크스마트

43가지 발도르프 육아 이야기
인지 위주의 학습을 멀리하며 자유로운 놀이로 아이 고유의 본성을 이끌어 내는 한편, 건강한 신체
발달을 이루고 자신의 의지를 조절할 수 있게 해주는 교육이다.

신 인간 과학 우주 생명 정신을 주제로 한 석학들의 대화

한스 페터 뒤르, 클라우스 미하엘 마이어 아비히, 한스 디터 무첼러, 볼프하르트 판넨베르크, 프란츠 M. 부케티츠 지음 /
여상훈 옮김 / 14,000원 / 발행 씽크스마트

신은 계속 '존재'할 것인가
인간은 어떻게 '진화'하는가
과학은 모든 것에 '답'할 수 있는가

아들아 콘돔 쓰렴 아빠의 성과 페미니즘

이은용 지음 / 13,000원 / 발행 씽크스마트

아빠가 아들에게 전하는 솔직한 성과 페미니즘 이야기. 사람과 사람 사이에 감정은 어떻게 전달하고,
몸은 어떻게 접촉해야 하는지 자연스럽게 알려주며 바람직한 가치관으로 성을 생각하도록 돕는다.

발도르프 성교육 아동 발달을 토대로 한 성교육 지침

마티아스 바이스, 엘케 륍케, 미하엘라 글뢰클러, 볼프강 괴벨, 만프레드 반 도른 지음 / 이정희·여상훈 옮김 / 12,000원

발도르프 교육학자, 소아청소년과 의사, 심리상담 치료사가 교육적 관점으로 가정과 교육 현장에서
아이들이 겪는 성의 발달에 어떻게 동행하고 성교육을 언제 시작해야 할지 성교육의 기본 방향을 안
내합니다.

www.facebook.com/thinksmart2009
서울 마포구 토정로 222(신수동) 한국출판콘텐츠센터 401호 02-323-5609